'팔다'에서
'팔리다'로

일러두기
- 이 책은 2014년 9월부터 2015년 1월에 이르기까지, 게이오기주쿠 대학 쇼난 후지사와 캠퍼스에서 14회에 걸쳐 시행된 강의 '브랜딩 디자인' 중 주요 4회를 바탕으로 내용을 편 집하여 서적용으로 재구성한 것입니다.
  제1강부터 제3강은 2014년에, 제4강은 2015년에 각각 시행한 강의를 기반으로 하고 있 습니다.
- 주석은 모두 역자주입니다.

'팔다'에서
'팔리다'로

굿디자인컴퍼니 대표,
게이오 대학 특별 초빙 교수
미즈노 마나부 지음 **오연정** 옮김

미즈노 마나부의
브랜딩 디자인 강의

이콘

제 2 강 。

디자인은
누구나 다룰 수 있다 _44

제 3 강 ·

브랜딩으로
얼마든지 바뀔 수 있다 _84

제 4 강 ●

'팔리는 매력'을
찾는 방법 _128

제1강 .

**왜 좋은 물건을 만들어도
팔리지 않는 것일까?**

모든 일에는 디자인적 관점이 필요하다

여러분, 안녕하세요. 굿디자인컴퍼니의 미즈노 마나부입니다. 게이오기주쿠 대학˙의 특별 초빙준교수이며, 2012년부터 쇼난 후지사와 캠퍼스sfc˙˙에서 강의하고 있습니다.

오늘부터 시작하는 이 강의는 '브랜딩 디자인'이란 이름처럼 디자인을 주제로 하고 있지만 수강생 여러분 중 앞으로 소위 말하는 '디자이너'가 될 사람들은 별로 없을 것으로 압니다. 하지만 디자인적 관점, 사고방식은 앞으로 어떤 일에 종사하더라도 분명 필요할 것입니다. 그런데 대체 왜 필요할까요. 그리고 어떤 식으로 필요하게 될까요. 이 강의에서 바로 이런 점에 대해 다루고자 합니다.

본격적으로 강의에 들어가기 전에 간략히 제 소개를 하겠습니다. 저는 1972년 도쿄에서 태어났고 바로 쇼난 지방의 휴양 주거도시인 지가사키로 이사해 그때부터 죽 이 지역에서 자랐습니다.

초등학교 5학년 때 교통사고를 당했는데 그것이 디자인

˙ 1858년 설립된 일본 최고 명문 사립대학교로 게이오 대학이란 이름으로 많이 알려져 있다.

˙˙ 게이오 대학의 여섯 개 캠퍼스 중 가나가와현에 있는 캠퍼스로 종합 정책, 환경 정보, 간호의료학부와 정책 미디어, 건강 매니지먼트 연구과가 있다.

에 뜻을 품게 된 계기가 되었습니다. 원래는 산과 들을 이리저리 뛰어다니며 놀기 좋아하던 소년이었는데 갑작스러운 사고로 몇 달간 집에서 꼼짝 않고 지내야만 했었습니다.

할 수 있는 게 조립모형 만들기나 공작놀이밖에 없어서 그것만 계속하며 시간을 보냈는데 어느새 물건 만들기나 디자인 같은 것을 좋아하게 되었고, 문득 "어른이 되면 디자인과 관련된 일을 하고 싶다"는 생각을 하게 되었습니다.

그 생각대로 1년 재수 끝에 타마미술대학* 그래픽디자인과에 들어갔습니다. 활동적으로 운동하는 것을 좋아해 럭비부에 들어가 제법 열심히 활동하며 대학생활을 했습니다. 그런데 너무 무리해서 운동을 했고, 예전의 사고 영향도 있어서 그만 허리가 상해버렸습니다. 그러더니 곧 목까지 아프게 되고 계속 앉아 있기도 힘들어졌습니다.

그 탓에 졸업 후 디자이너로 취직은 했지만 장시간 앉아 있을 수가 없어 25세에 퇴사하고 말았습니다.

회사에서 일하는 것이 어려우니 독립할 수밖에 없었고 그렇게 '굿디자인컴퍼니'를 창업한 것이 1998년입니다. 유

---

* 도쿄에 위치한 사립 미술대학. 도쿄 예술대학, 타마 미술대학, 무사시노 미술대학을 도쿄 3대 미술대학으로 꼽는다.

명 디자인 회사에서 오랫동안 밑바닥부터 다양한 경험을 쌓았던 것도 아니고, 카리스마 있는 디자이너 밑에서 배운 경험도 없었지만, 말 그대로 '맨땅에 헤딩하며' 지금까지 회사를 스스로 일궈왔습니다.

이런 일련의 과정을 거치며 배웠던 것, 느꼈던 것을 본 강의에서 여러분에게 전달하려고 합니다. 디자인뿐만 아니라 그 외적인 부분에서도 도움이 되기를 바랍니다.

디자인을 무기로 한 컨설팅

그럼 지금까지 제가 해온 일들에 대해 이야기해보겠습니다.

여러분이 쉽게 알 만한 것으로 예를 들어보면, 휴대전화 신용결제 서비스인 NTT도코모의 'iD', 미쓰이 부동산이 개발한 '도쿄 미드타운'의 브랜딩에 관여했습니다.

또 2016년에 창업 300주년을 맞은 나라 지역의 오랜 전통공예 제조업체 나카가와 마사시치 상점과 '테네리타TE-NERITA'라는 유기농 면직 브랜드의 브랜딩을 직접 담당했습니다.

그 외에도 수도고속도로의 '도쿄 스마트 드라이버' 캠

페인, 가수 우타다 히카루 앨범에 아트 디렉션을 했고, 구마모토현의 '구마몬' 캐릭터를 디자인하기도 했으며, 잡지 『베리VERY』와 협업해 유아 승차용 자전거(아이용 좌석을 추가하여 2인 또는 3인이 탈 수 있도록 만든 자전거) 상품 개발에도 참여했습니다.

최근에는 해외에서도 일이 들어와, 타이완 세븐일레븐의 PB상품(역자주: Private Brand goods, 유통업체가 자체 개발한 브랜드 상품) 패키지 리뉴얼을 수년간 맡아 작업하기도 했습니다.

지금까지 나열한 것만 봐도, 제가 지금 매우 광범위한 일을 하고 있음을 알 수 있을 것입니다.

내용은 크게 두 가지로 나누어지는데 한 가지가 바로 디자인입니다. 광고나 로고, 상품 패키지를 비롯한 그래픽디자인, 상품디자인, 매장의 공간디자인 등입니다. 본업이 디자이너이니 이런 작업을 하는 것은 당연한 것이겠지요.

사실 남은 한 가지가 본업에서 조금 변형된 것인데 바로 기업 컨설팅입니다. '어떻게 하면 매출이 오를까' 같은 비즈니스, 경영상의 고민을 디자인적 관점을 통해 해결하도록 돕고 있습니다.

일반적으로 '컨설팅'이라고 하면 경영이나 사업에 관한

이론을 무기로 삼아 문제점을 해결하는 느낌이 강하기 때문에 조금 어색하게 들릴 수도 있겠지만, 제 경우엔 그 무기가 디자인과 크리에이티브라고 말할 수 있겠습니다.

더 자세한 것은 앞으로 강의를 통해 설명하겠습니다만, 디자인의 힘을 통해 브랜드의 잠재력을 끄집어내고, 상품을 '팔다'가 아닌 '팔리다'로 만드는 것이 컨설턴트로서의 저의 일입니다.

사실 이런 작업이 바로 강의 주제인 '브랜딩디자인'입니다. 물론 이것은 특정 업계나 일부 기업에만 해당되는 이야기가 아닙니다. 여러분이 향후 어떤 일에 종사하더라도 매출을 늘리거나, 인지도를 높이거나, 이미지를 개선해야 하는 등의 일은 반드시 따라다닐 것입니다.

최근 주목받고 있는 지역개발이나 행정 현장은 물론이고 NPO에서도 마찬가지입니다. 이익을 추구하지 않더라도 자신들이 하는 활동의 내용이나 가치관을 명확히 세상에 알려야만 하기 때문입니다. 물건을 사고파는 일과 직접적으로 관련이 없더라도 넓은 의미에서 '팔리다'를 지향해야 할 필요성이 있다는 것을 단적으로 보여주는 사례입니다.

• 국가와 시장을 제외한 제3영역의 비영리단체.

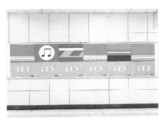

NTT도코모 'iD'

도쿄 미드타운

나카가와 마사시치 상점

테네리타

구마모토현 공식 캐릭터 '구마몬'

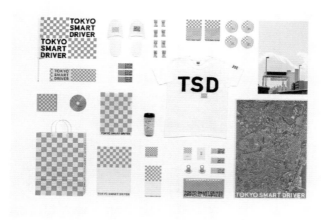

수도 고속도로 '도쿄 스마트 드라이버'

타이완 세븐일레븐 '7-SELECT'

'팔리다'를 만드는 세 가지 방법

물론 '팔리다'가 되는 데 필요한 것은 비단 브랜드뿐만은 아니라고 생각합니다. 지금까지의 제 경험으로 미루어 보면 '팔리다'로 만들기 위한 몇 가지 방법이 있습니다.

첫번째 방법은 '발명하라' 입니다. 아이팟iPod이 처음으로 세상에 나왔을 때처럼 상품 자체가 완전히 새로운 가치를 지니고 있으면 그것만으로 '팔리다'의 가능성이 있습니다. 그런 물건을 만들어야 한다는 것입니다.

하지만 완전히 제로인 상태에서 새로운 것을 만들기란 쉽지 않기 때문에 꼭 그럴 필요는 없습니다. 무언가와 무언가를 더한 물건이어도 좋고 서로 교배시킨 물건이어도 좋습니다. 다시 말해, 이미 있는 물건을 짜맞추어 새로운 물건을 만들면 됩니다.

물론 말은 이렇게 해도, '발명'이라고 생각될 만한 새로운 물건을 만들어 세상에 내놓는 것이 그리 간단한 일은 아닙니다.

두번째 방법은 '붐을 만들라' 입니다. 세상에 화제가 되도록 유도해서 붐을 일으키는 것입니다. 이것의 대표적인 것이 광고캠페인입니다. 미디어를 통해 대대적인 광고를 내보내면 시중에 화제를 불러일으키게 되고, '팔리다'가 됩니다. 바꿔 말하면 붐을 일으키지 못하는 광고는 의미가 없는 것이나 마찬가지라고 말할 수 있습니다.

'발명하라'와 '붐을 만들라'. 얼마 전까지만 해도 이 두 가지 방법만으로 '팔리다'가 되도록 유도하는 것이 충분히 가능했습니다. 그러나 요즘은 상황이 조금 달라졌습니다.

왜냐하면, 지금 시대는 기능이나 스펙만으로는 상품에 차별성을 두기가 어렵기 때문입니다. 생활 속 불편함을 개선해주는 기본적인 제품은 이미 대부분 '발명'되어 만들어졌고, 기술도 성숙단계에 접어들면서 어떤 기업의 상품이든 일정 수준 이상의 품질은 보장됩니다.

가격경쟁도 할 만큼 하고 있다고 봐도 좋습니다. 기능이나 스펙으로 차이를 낸다 하더라도, 구매자가 꼼꼼히 살피지 않는 한 알아챌 수 없는 정도의 차이밖에는 만들 수 없습니다.

그런데도 억지로 큰 차이를 만들려고 한다면 누구도 갖고 싶어 하지 않을 이상한 상품을 만들게 됩니다.

상품이 '선택되기 어려운' 시대

역사적인 배경을 들어 좀더 자세히 설명하면, 전후 1950

년대 후반 고도 경제성장기가 시작되었을 무렵, 일본 가정에서는 '(흑백)텔레비전, 냉장고, 세탁기'가 '세 가지 신령한 물건三種の神器*'으로 불렸습니다.

60년대가 되자 '컬러텔레비전, 자동차, 에어컨'이 '새로운 세 가지 신령한 물건'으로 불리게 되었습니다.

당시에는 아직 생활하는 데 불편함이 많고, 기술도 점점 발전해나가는 중이어서, 신제품이라면 어느 것이나 모두 적잖은 '발명'의 요소를 지니고 있었습니다. 그렇기 때문에 '내놓으면 무조건 팔린다'까지는 아니더라도, '새로운 상품은 분명 소비자에게 필요할 것이다'라는 생각 정도는 당연한 것이었습니다.

그후 한층 더 기능이 충실해지고, 가격은 안정되고, 경제도 성장하면서 생활의 불편을 없애주는 상품이 전국 가정에 보급되었습니다. 그러자 이번에는 "○○회사의 텔레비전을 갖고 싶다" "△△회사의 자동차를 원해"와 같은 방식으로 소비자의 마음에 변화가 찾아왔습니다.

모든 상품이 일정 수준 이상의 기능이나 스펙을 갖추었

• 원래는 일본 천황에 의해 대대로 계승된다는 세 가지 보물(거울, 칼, 옥)을 의미하나, 현재는 그 시대 사람들이 가장 꿈꾸는 진기한 보물을 가리킨다.

기 때문에, 어느 기업의 제품인지를 따지게 된 것입니다. 이것은 당연한 소비자심리입니다.

일본에서 이러한 풍조에 불을 붙인 것은 NEC(일본전기)였다고 말할 수 있는데, 로고에 심혈을 기울이거나 기업광고를 시작하고 메세나 활동(문화, 예술 지원 활동)에 공을 들이거나 하면서 '다른 기업과는 다르다'는 것을 강조하기 시작했습니다.

이것이 이른바 이미지 제고image-up 전략입니다. 특히 버블 시기에는 많은 기업이 CICorporate Identity 계획을 중요시했었기 때문에 'CI 붐'이라 부르기도 했습니다.

이처럼 '브랜드'라는 개념이 점차 인식되기 시작할 무렵 일이 터집니다. 바로 '버블 붕괴'입니다.

1990년대 초반 일어난 것으로 이후 20년에 걸쳐 일본경제는 침체하였고, 기업은 이제 막 의식하기 시작한 기업 이미지를 후순위로 내리고 업무 효율화를 최우선으로 고려하게 되었으며, 그 와중 디플레이션까지 발생해 상품의 저가격화가 발생했습니다.

심지어 세계화가 시작되고, IT의 등장으로 정보가 굉장히 빠르게 유통되면서 경쟁 상대는 국내뿐만 아니라 해외로까지 확대되었습니다. 따라서 저렴하면서 뛰어난 상품은 산더미처럼 쌓일 수밖에 없는 것입니다.

바야흐로 이제는 그런 상품의 포화상태라 할 수 있습니다. 다시 말하면 소비자는 이미 기능이나 스펙으로는 상품을 선택하기가 어려워졌습니다. 모든 상품의 성능이 일정 수준 이상은 되니 기능이나 스펙에 별 차이가 없기 때문입니다.

일본에는 '좋은 물건을 만들면 당연히 팔린다'라는 '모노 쓰쿠리もの作り[•] 신앙'이 기저에 강하게 깔려 있어 아직도 '좋은 물건'을 만드는 것이 중요시 되고 있긴 하지만, 이제는 그것에만 의지해서는 소비자의 선택을 받기 어렵게 되었습니다.

브랜드란 '–다움'

서두가 매우 길었습니다만, 그런 시대이기 때문에 이제 '팔리다'가 되게 하려면 '브랜드를 만드는 것'이 중요합니다.

손목시계를 예로 들어보겠습니다. 시간을 알려주는 시계의 기본적인 기능은 100엔숍에서 파는 제품에서도 얻을 수 있습니다. 하지만 그렇다고 롤렉스 시계가 안 팔리는 것은

• 물건의 '모노'와 만들기의 '쓰쿠리'가 합성된 단어로 '혼신의 힘을 다해 최고로 뛰어난 물건을 만든다'를 의미하는 일본 제조업의 상징어.

아니지요.

그 이유는 롤렉스에는 브랜드파워가 있기 때문입니다. 사용한 소재 자체가 고가이기도 하지만 그것보다는 '브랜드파워'가 가격 차이를 뛰어넘는 가치를 창출해내는 것입니다.

그렇다면, 그러한 힘을 지닌 '브랜드'란 도대체 무엇일까요.

『코지엔広辞苑•』 사전을 찾아보면 제일 먼저 '소인燒印••'이라는 뜻이 나옵니다. 브랜드란 원래 소와 같은 가축의 몸에 찍던 '소인'을 의미했던 것입니다. 방목하는 소가 주위다른 농장의 소와 섞여버리거나 품평회 등에서 알아보지못하는 일이 발생하지 않도록 자신의 농장 이름을 찍어 표시를 하는 것. 그것이 '브랜드'의 어원입니다.

그리고 그다음으로 나오는 뜻이 '상표, 명칭', 이어서 나오는 뜻이 '이름이 알려진 유명 상표'입니다.

즉, 브랜드라는 것은 그 물건이 지닌 개성이나 특징, 독특한 멋을 표현하는 말입니다. 이런 뜻들을 종합해봤을 때저는 '브랜드란 '-다움'이다'라고 정의하고 싶습니다.

• 일본의 이와나미쇼텐에서 발간한 대표적 일본어 사전. 1955년 간행 이후 1,100만부가 판매되었다.
•• 불에 달구어 찍는, 쇠붙이로 된 도장. 목재나 가축의 몸에 찍어서 구별한다.

어떤 상품을 보았을 때 '그 회사다운 걸' 하는 생각이 들 때가 있습니다. 또는 반대로 '그 회사답지 않아'라고 생각하기도 합니다. 이것이 바로 '-다움'입니다.

모두의 머릿속에 있는 어떤 기업이나 상품에 대한 이미지라 일컬어도 좋습니다. 하지만 화장으로 적당히 꾸며 겉에서 보기에 그저 훌륭한 좋음은 아닙니다.

브랜드라 하면, 소위 명품브랜드와 같은 것을 떠올리는 사람이 있을지도 모르겠지만 반드시 그런 것만을 의미하는 것은 아닙니다. 더욱 근본적인 부분은 그 기업이나 상품이 본래부터 지니고 있는 가치관이나 의미를 담고 있는 특유의 매력과 같은 것입니다.

그것이 확실히 전달되기만 하면, 소비자는 '그 회사의 물건이라면' '그 브랜드라면' 하고 공감하며 상품을 사려고 할 것입니다.

이런 이미지는 어떻게 구축할 수 있는지를 비유해 설명하자면, 강가의 자갈밭에서 돌을 쌓아올리는 듯한 느낌이라고 저는 생각합니다. 하나의 커다란 돌이 아니라 작은 자갈들이 미묘하게 균형을 맞추며 힘겹게 쌓여 하나의 산을 만들어가는 것. 브랜드는 이렇게 만들어집니다.

돌 하나하나가 무엇인가 하면, 상품 그 자체이거나 패키지디자인이거나 광고이거나 혹은 매장의 공간디자인과 같은, 그 기업의 모든 산출물입니다. 기업이 만들고 드러내는 산출물이 브랜드를 형성하는 것입니다.

그러므로 브랜드를 만들고자 생각한다면, 그 기업이나 상품에 관해 '눈에 보이고 귀에 들리고 몸으로 느껴지는 모든 것의 디자인을 제대로 만들어'야만 합니다.

좀더 쉽게 말하면 이런 것입니다.

'브랜드란 보이는 방식을 컨트롤하는 것이다'

아무리 사회에 꼭 필요하고 귀중한 이념이라 할지라도, 그것을 설명하는 웹사이트 디자인의 품격이 의심스럽다면 사람들은 그 뜻을 이해하려 하지 않을 것입니다.

혹은 생산 현장의 청결도가 의심스러운 상품을 만드는 기업의 경영자가, 지저분한 복장으로 텔레비전 취재에 응한다면, 상품에 대한 의구심이 해소되기는커녕 더욱 문제시될지도 모릅니다.

물론 저는 스타일리스트가 아니기 때문에 기업 대표의 일상적인 패션스타일링까지는 모르지만, 그래도 만약 제가 브랜딩에 관여하는 기업에서 그런 일이 생긴다면 전문가의 손을 빌려서라도 어떻게든 상황에 적절한 복장을 입도록 할 것입니다.

요약하자면, 세상에 보여지는 모든 것을 기업에 이상적인 상태가 되도록 컨트롤한다. 이것이 바로 '브랜드를 만든다'는 것입니다.

애플은 '모든 것'이 근사하다

이러한 '보이는 방식의 컨트롤'이 가장 뛰어난 기업 중 한 곳이 애플Apple입니다.

애플이 성공한 원인은 이미 여러 곳에서 많이 회자하고 있습니다. 태블릿이라는 디바이스 카레고리를 만들었다든가 음악을 즐기는 방법을 바꿨다든가 하는 것 말입니다.

그러나 저는 '제품이 근사하다'라는 점이 사실은 매우 큰 이유가 아닐까 생각합니다.

이 교실을 둘러보더라도 아이폰iPhone을 지닌 사람의 비중이 매우 높네요. PC도 맥Mac을 사용하는 사람이 압도적으로 많고요.

애플은 같은 제품군 내에서 저렴한 편이 아니어서, 스펙만 보더라도 다른 기업에서는 더 저렴한 가격으로 높은 스펙의 제품을 출시하고 있습니다.

그런데도 애플은 왜, 이렇게까지 인기가 있는 것일까요. 역시 그것은 '제품이 근사하기' 때문이라고 생각합니다.

덧붙여 말하자면, 사실 근사한 것은 제품뿐만이 아닙니다. 애플은 모든 산출물이 근사합니다. 가장 변화한 뉴욕이나 긴자 거리에 있는 애플 스토어 건물도 근사하고 웹사이트도 근사합니다. 제품 포장까지도 근사합니다. 모든 것이 멋지기 때문에 새로운 제품이 출시되었을 때, 아직 노출되지 않았더라도 "당연히 근사한 제품이 발매되었을 거야"라고 생각해버립니다.

보이는 방식을 제대로 컨트롤할 수 있기 때문에 '높은 미의식'이나 '창의성에 대한 열정'과 같은 애플의 이미지가 소비자에게 확실히 전해지는 것입니다.

그 밖에 최근, 디자인으로 브랜드파워를 높이려는 기업으로 다이슨Dyson을 들 수 있습니다.

전 세계 최초로 사이클론식 청소기를 개발한 곳으로 알려져 있지만, 초창기에는 국제산업디자인 견본시장에서 상을 받기까지 한 제품임에도 생산하겠다고 나서는 중견 제조사가 없어, 부득이하게 직접 제조하여 판매하기 시작했다고 합니다. 이런 내력 덕분에 다이슨의 기술력이 종종 주

애플 스토어(뉴욕 5번가)

목받았지만, 사실 더 높이 평가할 부분은 디자인을 이용한 프레젠테이션 방법입니다.

예를 들면 청소기의 사이클론˙ 부분의 겉면을 투명하게 만들어 내부가 보이도록 한 것입니다. 이런 처리는 기능적인 측면과는 관계가 없고, 오로지 제품이 지닌 높은 기술 수준을 소비자에게 눈으로 직접 보여주기 위함입니다.

우리는 그것을 직접 보면서 '기술의 다이슨'임을 실감합니다. 기업은 이런 식으로 전달되는 이미지를 컨트롤합니다.

덧붙이자면, 계속 디자인에 관해 이야기하고 있는데, 디자인에는 '기능 디자인'과 '장식 디자인' 이렇게 두 종류가 있다고 저는 생각합니다.

말 그대로 기능을 위해 디자인한 것과 장식을 위해 디자인한 것이 있지만 그 둘은 완전히 다릅니다. 방금 이야기한 다이슨 청소기의 사이클론과 내부 구조는 '기능 디자인'이지만, 그 겉을 투명하게 한 것은 '장식 디자인'입니다.

굳이 투명하게 할 필요는 없기 때문에, 의도적으로 '안을 보이게' 하는 '장식'을 한 것입니다.

˙ 빨아들인 공기 속에 섞인 먼지 등의 고체 알갱이를 원심력으로 골라내는 장치.

다이슨 DC48 터빈헤드

제 경험으로 비추어보건대, 디자인을 잘못 사용했을 경우는 대개 그 '기능 디자인'과 '장식 디자인'의 두 가지를 혼동한 것이 많습니다.

예를 들면, 여러분이 학원에서 근무하면서 학생 모집 광고전단을 만든다고 합시다. 이때 "어떤 색깔로 할까" 같은 말을 가장 먼저 언급한다면, 아마도 좋은 결과물이 나오지는 못할 것입니다. 왜냐하면 논점이 흐릿하기 때문입니다.

광고전단에도 전달하고자 하는 것을 쉽게 알아보게 해주는 '기능 디자인'과 매력적으로 보이게 하는 '장식 디자인' 두 가지 측면이 있습니다. 그 두 가지를 명확히 분리해서 생각하지 않으면, 보기엔 매우 예쁘지만 전달하고자 하는 바는 전하지 못하는 것이 되거나, 전달하고자 하는 바는 알겠으나 매력적이지 않은 디자인이 되어버립니다. 결국 광고전단으로서 '기능'을 상실하게 되는 것이지요.

물론 실무에서는 '전달해야 할 것은 무엇인가' 같은 정보를 먼저 정리하는 것이 중요할 때도 있긴 합니다. 결국 요점은, 일단 전달되어야 할 정보를 우선순위로 정리해서 편집한 후에, 그것을 의도한 대로 전달할 수 있는 디자인은 무엇일까 하는 기능적인 요소를 고민하는 것입니다. 이런 것이 정해진 다음에야 비로소 매력적으로 보이게 할 장식적인 요소를 생각하는 것입니다.

'컨트롤 할 수 있는 사람'이 필요하다

이야기가 살짝 옆으로 샜습니다만, 지금과 같은 시대에 물건이 '팔리다'가 되려면 브랜드를 만드는 것이 중요하며, 이를 위해서는 '보이는 방식의 컨트롤'이 필요하다는 것을 말씀드리고 싶었습니다.

그렇다면 당연히 '컨트롤 할 수 있는 사람'이 필요하게 됩니다. 디자인을 포함해서 크리에이티브의 좋고 나쁨을 판단할 수 있는 사람. 지금의 비즈니스 세계에서는 이런 인재가 매우 필요합니다.

제가 컨설턴트로서 관여하고 있는 부분도 바로 이것으로, 지금은 어느 회사에 가더라도 대부분 대표와 직접 이야기합니다. 대표와 대화하면서, 콘셉트는 이런 방향으로, 상품 디자인은 이렇게, 광고를 한다면 어느 광고대행사를 파트너로 할지 등을 결정하는 경우가 많습니다.

그 정도로 디자인이 중요하고 브랜딩이 중요하다는 것을 이제는 모두 알고 있습니다.

직종으로 말하자면, 비주얼을 감독한다는 측면에서 아트

디렉터, 디자인적인 관점을 제시한다는 측면에선 디자이너도 될 수 있습니다. 그리고 이것들을 통틀어 크리에이티브 전반에 관여한다는 점을 고려하면 크리에이티브 디렉터가 적당하지 않을까 싶습니다.

다만 궁극적으로는 브랜드를 만들어내는 것이 목적이기 때문에, 크리에이티브적인 일을 잘 아는 것뿐만 아니라 사회 전반을 읽을 수 있는 시각을 가지고 브랜드 전략을 세울 수 있는 능력도 필요하다고 할 수 있습니다.

사실 여기서 말하는 크리에이티브 디렉터라는 직책은, 크리에이티브 컨설턴트로 바꿔 말해도 좋을지 모르겠습니다만, 지금 대부분 비어 있습니다. 제가 느끼는 체감으로 말하자면 전체 자리 중 고작 1% 정도만 차 있지 않을까 하는 생각입니다. 이런저런 곳에서 여러 기업이 이토록 필요로 하고 있음에도 불구하고 말입니다.

왜 그럴까 생각해보면, 세상에는 아직 디자인 영역에 대한 편견이나 고정관념이 있기 때문이라고 저는 보고 있습니다. 디자인이나 아트는 재능과 감성의 세계이기 때문에, 자신은 잘 모르는 분야라고 섣불리 단정해버립니다.

미대를 졸업한 소위 크리에이티브 계통의 사람이 하는 일은, 도쿄대나 교토대, 게이오 또는 와세다와 같은 명문대

학을 졸업한 사람이 관여할 만한 일이 아니라고 멋대로 생각하는 것입니다.

그러나 사실은 그렇지 않습니다. 이런 이상한 확신을 저는 '센스 콤플렉스' 또는 '디자인 콤플렉스'라고 부르는데, 절대 그렇게 생각할 필요가 없습니다.

저는 『센스는 지식에서 시작된다』(아사히신문출판사)*라는 책을 쓰기도 했는데, 많은 사람들이 '자신과는 관계가 없다'며 지레 멀리하는 '센스'라는 것은 절대로 타고난 재능이나 어쩌다 생긴 감성 같은 것이 아닙니다. 노력하면 몸에 숙달될 수 있는 것입니다.

그러므로 이 강의를 듣고 있는 여러분이라면, 앞으로 사회에 진출하여 크리에이티브 디렉터로서 브랜딩에 전념할수도 있고, 디자인을 무기로 한 브랜드를 스스로 만드는 경영자가 될 수도 있을 것입니다. 아마 이것을 가장 잘 실현시킨 사람은 애플을 만든 스티브 잡스Steve Jobs일 것입니다.

어쨌든 디자인은 '아는 사람만 아는 것'이 아닙니다. 이런 콤플렉스에서 벗어나는 방법을 포함, 다음 강의에서는 '센스'에 관해 상세히 설명하겠습니다.

• 미즈노 마나부, 『센스의 재발견』, 박수현 옮김, 하루, 2015

• 저자 관련 제작물 목록

P16 NTT도코모 'iD' 2006년 / 로고, 네이밍, 거리 광고
CD · AD 미즈노 마나부 D good design company 네이밍 고소하라
고우 CD · C 도모하라 다쿠야 C 오오타 메구미 PH(게시물 촬영) 스
기타 지요에 · 가타무라 후미히토
P17 도쿄 미드타운 매니지먼트 / 거리 광고, 관내 광고
CD · AD 미즈노 마나부 D good design company PR 미즈노 유키
코 · 이노우에 기쿠코
'MIDTOWN DESIGN TOUCH 2008', 2008년(첫번째 줄 왼쪽)
C 와타나베 준페이
'OPEN THE PARK 2009', 2009년(첫번째 줄 오른쪽)
C 히루타 미즈호
'MIDTOWN BLOSSOM 2009', 2009년(두번째 줄)
PH 후지이 다모쓰 C 히루타 미즈호 ST Sonya Park HM 가모 가쓰
야 A 이치다 기이치
'MIDTOWN♡SUMMER 2009', 2009년(세번째 줄 왼쪽)
PH 다키모토 미키야 C 와타나베 준페이
'MIDTOWN♡SUMMER 2010', 2010년(세번째 줄 오른쪽)
PH 다키모토 미키야 C 히루타 미즈호
'TOKYO MIDTOWN 5th ANNIVERSARY', 2012년(네번째 줄 왼쪽)
C 히루타 미즈호
'MIDTOWN♡SUMMER 2013', 2013년(네번째 줄 오른쪽)
C 히루타 미즈호
P18 나카가와 마사시치 상점 '나카가와 마사시치 상점 LAQUE 시조가라
스마점' 2010년 / 매장 디자인

CD · AD 미즈노 마나부 **설계** 핫토리 시게키

P19 코와 '테네리타' 2014년 / 로고, 로고 마크, 쇼핑백, 상품 디렉션

CD · AD 미즈노 마나부 D good design company PH(상품촬영) 스즈키 요스케(아래 4장)

P20 구마모토현 공식 캐릭터 '구마몬' 2010년 / 기획 제안, 네이밍, 디자인

AD 미즈노 마나부 PH 슈토 에이사쿠

P21 수도 고속도로 '도쿄 스마트 드라이버' 2007년 / 로고, 거리 광고, 물품 등

CD 고야마 군도우 CD · C 시마코우 이치로 AD 미즈노 마나부

D good design company C 와타나베 준페이 PR 야마나 기요타카 · 가루베 마사하루 **기획** 하기오 도모키 · 우치다 신야 · 다이치 혼게 · 모리카와 도시

P22 PTM(PRESIDENT CHAIN STORE TOKYO MARKETING) 타이완 세븐일레븐 '7-SELECT' 2010년 / 패키지

CD 미즈노 마나부 D good design company PH 오테 히토시

PR 미즈노 유키코 · 이노우에 기쿠코

• 약자의 의미는 다음과 같습니다(제2강 이하도 동일)

CD 크리에이티브 디렉터 ┃ AD 아트 디렉터 ┃ D 디자이너 ┃ C 카피라이터

PR 프로듀서 ┃ PH 포토그래퍼 ┃ ST 스타일리스트 ┃ HM 헤어메이커 ┃ A 미술

제 2강.

**디자인은
누구나 다룰 수 있다**

사람들이 '미대' 나온 사람 앞에서 작아지는 이유

직업상 저는 여러 경영자와 대화를 나눕니다.

하지만 머리가 매우 영리하고 수완이 좋다는 경영자라 하더라도, 디자인에 관한 이야기를 하면 입을 닫아버리는 사람이 적지 않습니다. 대화가 디자인으로 흐르면, 갑자기 자신의 의견을 명확히 말하지 못합니다. 불가사의한 일이지요.

이와 똑같은 현상을 학생들에게서도 느낍니다.

학창 시절, 저는 배낭을 메고 여러 나라를 궁핍하게 여행했었는데, 유럽 등지에서 도미토리라 불리는 다인실의 값싼 숙소에서 일본인 여행객 몇 명과 함께 있으면서 매우 많은 이야기를 나누었습니다.

어느 나라에 갔었다든지, 어디가 좋았다든지 하는 이야기 말입니다.

그런 이야기들이 얼추 끝나갈 무렵에는 서로의 신상에 대해서도 이야기를 나누게 되었지요. "지금 무슨 일을 하시나요" "학생인데요" "그런 것 같네요" 같은 대화였습니다.

서로를 탐색해보는 좀 유쾌하지 않은 시간이었죠(웃음).

"와세다 대학에 다닙니다" "와~" "전 게이오에 다녀요" "와~" "도쿄대입니다" "와……(대화 끝!)" 같은 거였죠.

그러다가 제 차례가 되어 "타마미술대학에 다닙니다"라고 답하자 모두가 "엇, 미술대!? 굉장한데!"라고 말하고는 그 이상 다른 말이 없었습니다. 그후 약간의 정적이 흐르다 어색하게 다른 화제로 넘어갔습니다.

누군가 '도쿄대'라고 답했을 때도 확실히 대화는 끝났었지만 분명히 그때와는 다른 반응이었지요. '이 반응의 차이는 뭐지?'라고 생각하기는 했었지만 그 당시에는 왜 그랬는지 잘 몰랐습니다.

하지만 이제는 압니다. 모두가 대학입학시험으로 고민하던 때, 미술이라는 학문은 '자신과는 관계없는 것'으로 치부해버렸기 때문에 자신은 잘 모르는 분야의 사람이라고 생각했을 겁니다. 미술은 미대를 지망하지 않는 한 대학입시에는 필요 없는 과목이고, 일반적으로 사회로 나와 일할 때도 필요 없다고 생각되어온 분야입니다.

반대로 생각해보면, 미대에서 하는 일, 즉 아트나 디자인은 '아는 사람만 아는 것'으로 각인되어버렸다고 할 수 있습니다. 마찬가지로 좀 전에 업무상 대화를 나누었다고 언급했던 경영자도 미술이나 디자인은 '자신과는 관계가 없

• 일본 명문대 학생이라는 것에 대한 감탄임. 게이오, 와세다는 연고대. 도쿄대는 서울대와 유사.

는 것'이니 '자신은 알지 못하는 것'으로 치부해버리는 것입니다.

예를 들면, 회사 담당자와 협의할 때도 디자인 시안을 보여주며 "전 이것이 좋다고 생각하는데 ○○님 생각은 어떠세요?"라고 의견을 물으면, 저보다 연배도 매우 높고, 다양한 경력이 많은 사람도 자신의 의견을 말하기 전에 꼭 "저는 센스가 없어서 잘 모르지만……"이라는 말을 덧붙이며 양해를 구하는 제스처를 취합니다. 마치 자신은 의견을 말하면 안 되는 사람처럼 말입니다.

저는 이것을 '센스 콤플렉스' 또는 '디자인 콤플렉스'라고 말하는데, 이런 콤플렉스를 갖고 있으면 디자인을 적절히 사용할 수 없고 멋지게 살릴 수도 없습니다.

디자이너가 "이 시안이 좋을 것 같네요. 뭐라 설명할 순 없지만요. 이게 센스의 문제인지라……"라는 말을 하면, 뭔가 마음에 들지 않는 구석이 있어도 "아, 맞네요. 네……"라며 수긍해버리게 되곤 합니다. 이러다 최종 결과물을 확인하면 "맙소사! 이게 뭐지??" 하는 일이 생길지도 모릅니다. 물론 그런 식으로 말하며 일을 진행한 디자이너 쪽에도 일정 부분 책임이 있긴 하지요.

지난 강의에서도 말했듯이 더이상 '디자인은 모르겠다'

라는 자세는 통용되지 않는 시대가 도래했습니다.

비즈니스 세계에서는 전에 없이 디자인이 중요해지고 있기 때문에, 디자인을 잘 다루기 위해서는 이러한 '센스 콤플렉스'나 '디자인 콤플렉스'로부터 하루빨리 자유로워져야만 합니다.

서두가 길었지만, 이번 강의에서는 바로 디자인 콤플렉스로부터 자유로워지는 데 필요한 사고방식에 대해 설명하도록 하겠습니다.

도대체 '센스'란 무엇인가

우선 원론적인 이야기부터 시작해보겠습니다.

'센스'란 단어를 계속해서 되풀이했는데, 그렇다면 이 '센스'란 도대체 무엇일까요. 저는 초등학교, 중학교, 고등학교 모두에서 미술 수업을 받았지만 센스에 관해서는 배우지 못했습니다.

개인적으로 사회에서는 굉장히 중요한 것인데 학교에서는 배우지 않는 것이 두 가지 있다고 생각하는데 바로 '센스'와 '일하는 절차'입니다. 일하는 절차 역시 센스만큼이나 중요하죠.

　예를 들어 '오늘 마감'인 일과 '내일 마감'인 일이 있는데, '내일 마감'인 일을 먼저 시작했다가 문제가 생기면, '오늘 마감'인 일을 할 시간은 부족해지고 급하게 할 수밖에 없게 됩니다.

　이런 경우엔 '오늘 마감'인 일부터 하는 게 맞겠지요. 너무나 당연한 것이지만, 사실 이런 것도 지키지 못하는 사람들이 있기에 학교에서 가르치면 좋겠다고 생각합니다. 이와 마찬가지로 학교에서 배울 기회가 있으면 좋겠다고 생각하는 것이 '센스'입니다. 특히 요즘 시대에는 사회생활을 하는 데 꼭 필요한 덕목 중에 하나가 '센스'이기 때문입니다.

　문제는 그렇다면 '센스를 어떻게 정의하느냐'입니다.

　이것에 대해 제 나름대로 시간을 들여 연구하고 있기도 합니다. 일반적으로 센스에 대해 말할 때는 '좋은' 또는 '나쁜' 같은 단어가 함께 쓰입니다. "당신은 센스가 좋네요" 또는 "그 사람, 옷 입는 센스가 별로야"처럼 말입니다.

　저는 우선 이것에 의문을 가졌습니다. 센스란 과연 '좋은' 또는 '나쁜'으로 정의할 수 있는 말일까요.

　예를 들어, 한 뮤지션의 음악을 제 친구들이 매우 좋아한다고 해보겠습니다. 하지만 저는 그런 스타일의 음악을 그다지 좋아하지 않을 때, 이런 경우 그 뮤지션의 음악은 센스가 '좋은' 걸까요, '나쁜' 걸까요.

제 친구들에게 묻는다면 분명히 센스가 '좋다'고 답하겠지요. 그러나 저라면 센스가 '나쁘다'고 답할 것입니다.

즉, 객관적으로 '좋다' '나쁘다'를 결정할 수 없는 것, 센스는 '좋다' '나쁘다'로 말할 수 있는 것이 아니라는 결론에 이르렀습니다.

자, 그럼 센스는 도대체 무엇일까요.

아무리 생각해도 잘 모르겠어서 저는 더욱더 고민에 빠졌습니다. 고민을 거듭하며 겨우 다다른 결론은 다음과 같습니다.

'센스란 집적된 지식을 기반으로 최적화하는 능력이다'

무슨 말이냐 하면, 우리는 무언가를 선택하고 결정할 때, 타고난 재능에 의지하는 게 아니라 자신이 현재까지 축적해온 지식을 기반으로 최적화를 이루려고 한다는 의미입니다.

구체적으로 말하면, "이 사람은 옷을 참 세련되게 입어"라는 말을 듣는 사람은 원래 패션에 관한 풍부한 지식을 지니고 있다는 것입니다.

그것을 기반으로 T.P.O°나 체형 등 여러 조건에 맞춰 최적화한 옷차림, 이게 바로 '센스'가 아닐까요.

그림을 그리는 것도 마찬가지입니다. 제 아이는 이제 여섯 살이지만 "기린 그려야지"라고 말하고는, 노란색 몸에 검은색이나 갈색으로 얼룩덜룩한 점을 넣어 '기린 같은' 동물의 그림을 그립니다. 실제 기린의 몸 색깔은 크레파스의 노랑과는 좀 다르고, 무늬도 얼룩덜룩한 점이 아니라 그물망 형태이지만 그래도 '기린'이라는 것을 알아볼 수 있습니다.

어떻게 이런 그림이 나올 수 있을까요. 아이는 지식으로 기린의 특징을 알고 있었고, 그것을 자기 나름대로 최적화했기 때문입니다. 앞서 제가 말했던 의미로서의 '센스'를 발휘한 것입니다.

여기에 기린에 관한 좀더 상세한 지식이 더해진다면 당연히 그림도 달라집니다. 실제 기린 몸의 색상이나 무늬, 세세한 형태를 정확히 파악하게 되면 그림의 수준은 한층 높아집니다.

예시를 통해 확인한 것처럼, 센스를 익히고 싶다면 우선은 지식을 쌓아야 합니다.

다시 말해, 센스는 노력으로 익힐 수 있는 것입니다.

• Time · Place · Occasion의 약자로 시간, 장소, 상황에 맞는 옷차림이란 뜻

타고나는 재능이 아니라, 대부분 후천적으로 훈련을 통해 얻을 수 있는 것이라고 생각합니다.

물론 자란 환경에 따라 특정 분야의 지식이 자연스럽게 쌓이기도 하므로, 이런 면을 고려했을 때 어느 정도 '타고난 것'에 가까운 경우도 있을 수 있겠지요.

예를 들면 아버지가 영화를 너무 좋아해서 유년 시절부터 영화만 보며 자랐다면 당연히 영화에 관한 지식이 축적되었을 것입니다. 이런 사람에게 영화를 추천 받으면 분명 아주 나쁜 경우는 없습니다. 주위에서는 바로 이런 때 "그 사람은 영화 센스가 참 좋아"라고 말하겠지요.

하지만 이것 역시 후천적으로 익힌 능력입니다. 선천적인 것이 있다 하더라도 빙산의 일각일 뿐입니다. 밥 위에 뿌려 먹는 후리가케 같은 것이랄까요.

'천재는 99%의 노력과 1%의 영감'이라는 말도 있지 않습니까.

대표 상품, 기본 상품을 안다

물론 저도 예외는 아닙니다. 직업상 타고난 재능으로 승부하는 것처럼 종종 보이지만, 앞서 설명했듯이 역시 후천적으로 습득한 지식을 활용해 일합니다.

디자인이라는 영역에서 센스를 발휘한다는 것은 소위 '집적된 디자인에 관한 지식을 기반으로 최적화하는 것'입니다.

자, 그러면 센스를 어떻게 갈고닦으면 좋을까요, 제 생각에 이것에는 세 가지 방법이 있습니다.

'대표 상품°과 기본 상품°°을 파악한다'

'유행을 찾는다'

'공통점을 찾는다'

센스를 기르고 싶은 분야의 정보를 많이 접하고, 닥치는 대로 지식을 습득하면 좋겠지만, 인간은 컴퓨터가 아니기 때문에 마구잡이식으로 지식을 쌓기는 어렵습니다.

그러므로 책 또는 자료를 읽거나 인터넷에서 정보를 조사할 때, 일정한 목표를 갖고 보는 것이 좋습니다. 그 목표

° 원문은 왕도(王道). 미즈노 교수는 '가장 좋다고 여겨지는 것'으로 정의. 롱셀러의 대표상품.

°° 원문은 정번(定番). 유행에 좌우되지 않고 안정적으로 잘 팔리는 상품. 클래식한 기본 상품.

가 위의 세 가지입니다. 이런 관점으로 보다보면 서로 연결되는 부분이 있어 지식을 쌓기 쉬울뿐만 아니라 정리도 수월합니다. 그야말로 일거양득인 셈이지요.

순서대로 하나씩 설명해보겠습니다. 우선 첫번째는 '대표 상품, 기본 상품을 파악한다'입니다.

저는 주로 기업이나 상품에 관한 일을 하는데, 각각의 업계나 시장상황이 모두 다르기 때문에, 새로운 프로젝트를 시작할 때마다 매번 그 분야의 '대표 상품' '기본 상품'이 무엇인지 탐색합니다.

이때 가장 주의할 점은 가능한 한 '객관적으로 보라'는 것입니다.

문헌이나 자료 등 여러 가지를 조사하고 최대한 많은 것을 살펴보면서, 대다수의 사람들이 '대표 상품'이나 '기본 상품'이라고 느끼는 것이 무엇인지를 확인합니다.

'대표 상품' '기본 상품'을 파악하면 그 업계의 표준이 보입니다. 그 분야에서의 '보통' 즉 제로포인트를 알게 되므로, 그와 반대로 기발한 것이나 변형된 것이 무엇인지도 알게 됩니다.

그 분야에 관해서 여러 가지 것들의 '포지션 형성'이 가능해지는 것이지요.

'시장의 도넛화'가 일어나고 있다

사실 이렇게 대표 상품이나 기본 상품을 계속해서 탐색하다보면 알게 되는 것이 있습니다. 그것은 '차별화의 폐해'입니다.

경쟁 상품들이 늘어서 있는 상황에서, 그것들과 똑같은 상품을 출시하면 안 되기 때문에 차별화를 고민하는 것은 분명 중요한 일입니다. 그런데 차별화를 꾀하다보면 어찌된 일인지 모두 "무슨 일이 있어도 세상에 존재하지 않는 것을 만들어야만 한다"는 생각에 사로잡힙니다.

이와 관련된 상세한 내용은 다음 강의에서도 하겠지만 여기서 간단히 언급하자면, 이런 생각은 결국 소비자가 원하지 않을 법한 스위치를 추가한다거나 디자인을 기묘하게 해 이상한 물건으로 만들어버리기 쉽습니다.

이런 상품은 당연히 소비자가 찾지 않을 것이므로 좋은 결과를 얻을 수 없습니다. "무슨 수를 써도 물건이 팔리지 않아"라고 계속해서 말하는 배경에는 이러한 착각이 숨어 있습니다.

더구나 이것은 일부 기업에만 해당되는 특수한 경우가 아니라 비교적 비즈니스 전반에 걸쳐 나타나고 있습니다. 또 이러한 현상은 벌써 20년 이상이나 지속되고 있습니다.

그렇다면 무슨 일이 일어날까요.

소비자가 정말로 원하는 '한가운데 부분'에 해당하는 상품이 없게 되는 것이지요. 시장의 정중앙 포지션이 공백이 되는 겁니다. 저는 이것을 '시장의 도넛화'라고 부릅니다.

이것을 깨닫고는 바로 그 '공백'으로 들어가 상품을 제공하기로 했습니다. 이것이 제 클라이언트이기도 한 나카가와 마사시치 상점의 나카가와 준 씨, 제품 디자이너인 스즈키 게이타 씨와 저, 이렇게 셋이서 시작한 'THE'라는 프로젝트입니다. 영어 관사의 'THE'입니다.

'THE ○○'이라고 하면 그것은 '대표 상품' 또는 '기본 상품'임을 의미하지요. 이 프로젝트의 콘셉트도 그것으로, 여러 카테고리의 '대표 상품' '기본 상품'이라 부를 수 있는 것들을 취급합니다.

품목은 유리잔, 셔츠 등 우리 주변을 둘러싸고 있는 일상용품들이지만, 각각 'THE GLASS' 'THE SHIRTS'라고 불릴 수 있도록 직접 제품개발에도 참여하고 있습니다. 그리고 이것들을 'THE SHOP'이라 이름 붙인 상점에서 판매하고 있습니다.

오늘 제가 입은 것이 바로 'THE SHIRTS'인데 겉보기에는 아주 평범하지요?

그래 보여도 이 제품은 일본의 세계적 의류 브랜드인 '꼼데가르송'에서 독립한 패턴사에게 의뢰하여, 여러 가지 섬세한 작업을 거친 상품입니다. 'THE'라 불릴 수 있도록 말이지요.

옷깃은 트렌드와 클래식 모두를 반영해 딱 알맞은 느낌이 날 정도로 세우고, 크기도 그 선에서 정했습니다. 몸판과 소매를 연결하는 암홀도 약간 폭이 좁게 하여 단정해 보이도록 했습니다.

물론 기능적인 측면도 고려했습니다. 어떻게 해야 단추를 풀고 채우기가 쉬울까를 고민한 결과, 일반적으로는 재킷에 사용하는 한쪽 끝에 둥근 구멍이 있는 단춧구멍을 차용하였고, 단추를 달 때도 조금이라도 경사지게 달리도록 단추 위 실의 모양이 세 갈래로 보이는 '새 발바닥 모양'이라는 방식을 사용했습니다.

또 단추 아래를 실로 칭칭 감은 '잠옷'은, 기계로 가공할 경우 쉽게 풀리기 때문에 하나하나 수작업을 고집합니다.

브랜드 로고 스타일 역시 '이것이 THE이다'라는 생각이 확실히 들 만한 서체를 선택했습니다.

그것은 프로 디자이너라면 대부분 알고 있는 유명한 서체인 '트라잔TRAJAN'입니다. 로마 황제 중 오현제의 한 사

THE 'THE GLASS'

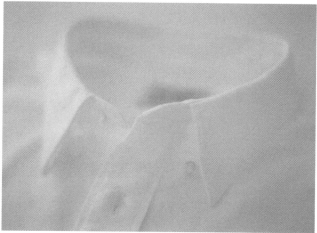

THE 'THE SHIRTS'

'THE SHOP'(위, KITTE 내부)과 'THE CORNER@ISETAN'(아래, 도쿄 미드타운 이세탄 살롱 내부)

람으로 알려진 트라야누스Trajanus 황제 시대에 만들어진 비석에 조각된 문자를 모티브로 만든 서체입니다.

어째서 이 서체가 'THE'인가 하면, 가장 최초로 서체라는 것을 의식하며 쓰인 것이 트라야누스 황제의 비석이라고 알려져 있기 때문입니다. 세상에서 서체가 태어난 곳이 거기였다 해도 과언이 아니죠. 문자 그대로 서체의 '대표 상품'입니다.

이 'THE' 프로젝트로 우리는 차별화에 몰입한 세상에 반대명제antithese•를 보여줌과 동시에 '기준치'를 만들 수 있으리라 생각합니다. 청바지에서의 리바이스501처럼 새로운 원점을 도출하여 보여주고 싶습니다.

앞서도 이야기했듯이 이러한 기준을 아는 것에서부터 다름이나 차이가 보이기 시작하기 때문입니다.

유행을 찾는다

이어서 센스를 기르는 방법 중 두번째는 '유행을 찾는다'

• 독일어의 안티테제, 사물의 발전에 있어 최초의 상태가 부정되고 새로이 나타난 상태를 뜻함.

입니다.

간단히 말하면 '대표 상품' '기본 상품'의 반대입니다. 그 당시 유행하는 것들에 관한 지식을 쌓는 것입니다.

그러기 위해서는 잡지 같은 것을 참고로 삼아 평소에 바지런히 이것저것 점검해두는 것이 좋습니다.

유행의 대부분이 일회성이긴 하지만, 엄밀히 말하면 모두가 '대표 상품' '기본 상품'과 정반대에 위치하고 있다고 할 수는 없습니다. 유행 상품 중에서는 유행이 지나면 기본 상품이 되는 것도 있고, 시대와 함께 그 분야의 기본 상품이 바뀌기도 하기 때문입니다.

예를 들어 옛날이라면 전화기의 기본 상품은 검은색 전화기였습니다만 지금은 스마트폰이지요. 그러한 '대표 상품' '기본 상품'의 변천도 포함해서 유행을 파악해야 합니다.

개별 안건에 몰두해서 일하기 위해 유행의 경향을 파악할 필요가 있을 때는, 앞으로 개발하거나 디자인하려는 상품과 관련된 자료를 대량으로 모아 자세히 읽으면 좋습니다. 또는 실제 그것을 사용하려는 사람들의 목소리를 많이 들어보는 것도 좋다고 생각합니다.

다만 '목소리를 들을 때' 중요한 것은, 수치로 집계하는 소위 정량적인 조사가 아니라 한 사람 한 사람의 의견이나 감성을 충분히 볼 수 있는 방식으로 들어야 합니다. 그렇게 하면 지금의 유행 경향을 보다 구체적으로 볼 수 있고 그 이면에 있는 '사람들이 원하는 것' '사람들의 생각과 느낌'도 볼 수 있게 됩니다.

제가 수행했던 것으로 예를 들자면, 30대 엄마를 위한 잡지인 「베리」와 자전거 제조업체가 공동 작업했던 유아 합승용 자전거의 상품개발은, 그러한 목소리를 듣는 프로세스로부터 유행을 도출해낸 프로젝트였습니다.

어쨌든 「베리」는 '도쿠초ドクチョ_'라 부르는 독자 의견을 특히 중요시하는 잡지였기 때문에 유행의 흐름 그 자체는 편집부가 독자적으로 도출하였고, 저는 그것을 바탕으로 조언자로서 디자인 콘셉트를 결정하거나 디자인 디렉팅하는 부분을 담당하였습니다.

시작부터 이야기하자면, 그 프로젝트의 발단은 「베리」의 편집부가 많은 독자와 소통하는 중에, 엄마들 사이에 '마마차리ママちゃり*'에 대한 체념이 있음을 알아챈 순간이었습니다.

• 엄마가 아이를 태우거나 장 볼 때 쓰는 유아용 좌석과 바구니가 달린 자전거.

실제 도쿄나 고베에서 많은 엄마들과 인터뷰해보니,

"자전거 차체 자체가 영 아니네요."

"아이를 배웅하고 마중 나갈 때 꼭 필요하므로, 썩 맘에 들지 않아도 체념하고 그냥 매일 사용합니다."

"남편은 '마마차리는 왠지 창피해'라면서 타지 않아요."

등등 엄마들의 90% 이상이 '마마차리'에 불만을 품고 있음을 알게 되었습니다.

그것을 알아챈 「베리」가 대단한 것이지요.

그래서 이런 불만을 해소할 수 있도록 세련된 자전거를 만들어 엄마들이 즐겁게 아이를 키울 수 있게 하려고, 편집부가 한 자전거 제조업체에 상품개발 기획을 제안했던 것입니다.

요컨대 외부 전문가와 제조업체가 한 팀이 되어 상품개발에 몰두했을 뿐이지만, 최근에는 이런 사례가 제법 많아지고 있는 것 같습니다.

앞서도 이야기했듯이 신상품은 제조업체 자신도 물론 만들 수 있습니다. 숙련된 기술도 있고 오랜 경험에서 얻어진 식견도 많기 때문에 안정적으로 상품개발이 가능합니다.

그러나 지금까지와는 다른 방향에서 새로운 가능성을

발굴하기 위해 완전히 새로운 상품개발이나 혁신적인 무언가를 만들어내려 할 때는, 조금 다른 식견이나 대응이 필요할 수 있습니다. 이때 새로운 힘의 활성화를 노리고 외부 전문가와 공동 대응하는 것입니다.

과거에는 그다지 볼 수 없었지만 지금은 이러한 방식으로 일하는 사례가 늘고 있습니다. 이것도 일종의 시대 흐름이라 할 수 있겠지요.

하던 얘기로 다시 돌아가면, 자전거 제조업체와 함께 상품을 개발하기로 결정한 이후에도 편집부는 거듭 조사를 진행했습니다. 자전거 사용자인 엄마 독자로부터 더욱 철저히 불만이나 의견을 들은 것입니다.

이렇게 해서 알게 된 것은, 엄마들은 스타일리시한 해외 브랜드의 자전거나 산악용 자전거에 유아용 좌석을 붙인 형태의 유아 합승용 자전거를 원한다는 점. 실제로 당시 여배우 안젤리나 졸리가 딱 그런 자전거에 아이들과 함께 타고 있었는데 바로 그것이 원하는 바였습니다.

계속 조사하다보니, 엄마들이 원하는 것은 '활동적인 것'이었는데 그것의 포인트는 '바퀴 타이어의 크기'라는 것 등도 알게 되었습니다. 사용자로부터 직접 많은 의견을 듣다보면 유행의 흐름을 잡을 수 있습니다.

그래서 편집부는 그런 이상형의 자전거를 '핸섬바이크'라 정의했습니다.

'받는 사람 입장'에서 생각한다

프로젝트를 의뢰받아 제가 관여하기 시작했을 때는 그 조사가 한창 진행 중일 때였습니다.

저 자신도 자전거에 제법 흥미가 있는 편이어서 나름의 지식이 있다고 생각했는데, 유아 합승용 자전거는 길에서 본 정도일 뿐 그다지 잘 알지 못했습니다.

그래서 새로운 프로젝트에 관여하게 될 때면 항상 그러 했듯이, 유아 합승용 자전거에 대한 자료를 제 나름대로 잔뜩 모아 집중해서 읽기 시작했습니다. 우선 기본 지식을 보충할 필요가 있다고 생각한 것이지요.

여러분도 본 적이 있을 겁니다. 유아 합승용 자전거에는 1인용 좌석에 아이용 시트가 그 앞이나 뒤에, 아이용 시트가 두 개일 때는 앞과 뒤 모두에 달려 있고, 앞에는 대개 2살 반 정도까지만, 뒤에는 1,2세부터 6세 정도까지의 아이가 탈 수 있게 되어 있습니다.

이런저런 것을 조사하던 중에 알게 된 것인데, 자전거 대부분이 아이 시트가 잘 부착되었는지를 우선적으로 고려하기 때문에 세련된 디자인이 나오지 않았던 것이지요.

아무리 그렇더라도 해외 브랜드 자전거나 산악자전거 뒷부분에 아이용 시트를 부착한다면 아무래도 안전성 면에서 문제가 있습니다. 멋도 좋지만 아이를 위험하게 할 수는 없지요.

그래서 어쩔 수 없이 엄마들은 '마마차리'가 볼품없어도 못 본 체하면서 참고 타는 것이지요.

사실 그것은 꽤 중대한 문제입니다.

저 자신도 경험했기 때문에 이해할 수 있는데, 어린이집이나 유치원으로 배웅하거나 마중하는 일은 어린아이가 있는 부모에게는 생활의 일부입니다. 거기에 불만이 있다는 것은, 날마다 싫은 생각을 계속해서 반복한다는 것 아닐까요.

편집부로부터 프로젝트 의뢰를 받은 당시에도 느꼈지만, 그 프로젝트는 자칫하면 간과하기 쉬운 그런 일상의 문제를 정확히 발견한 것입니다. 게다가 상황을 변화시키려는 시도이고요. 정말 대단한 일이지요.

요즘 세상에는 '문제를 해결하는 능력'을 높이 평가하는 풍조가 있습니다. 비즈니스 세계에서도 솔루션이라 일컫는 해결책이 중시되고 있습니다.

하지만 지금 진짜로 필요한 것은 '문제를 찾아내는 능력'이 아닐까 저는 생각합니다.

그도 그럴 것이 무엇이 문제인지가 분명해지면, 사람이 모여 지혜를 짜내는 것으로 대부분 해결할 수 있기 때문입니다. 요즘 시대는 문제를 해결하는 것보다는 찾아내는 쪽이 어렵습니다.

자, 그렇다면 어떻게 해서 문제를 찾으면 좋을까요, 포인트는 '받는 사람 입장'에서 생각하는 것입니다.

제품을 팔거나 기업 커뮤니케이션 구축에 몰두하다보면, 아무래도 무심코 '보내는 사람 입장'에서 생각해버리게 됩니다. 이 상품에는 이런 좋은 점이 있어, 그것을 알리고 싶어, 전하고 싶어, 따위의 생각이지요.

그렇지만 '받는 사람'은 애초에 그런 것을 원치 않았을지도 모릅니다. 그러니까 '받는 사람 입장'에서 생각하는 겁니다.

상품개발을 할 때도 당연히 같습니다. '받는 사람 입장' 즉 사용하는 사람 입장에서 생각해서 문제를 찾고 해결해가는 것, 요즘 세상이 원하는 것은 그런 능력입니다.

이 유아 합승용 자전거 프로젝트의 경우도 「베리」 편집부라는 '보내는 사람'이 아니라 엄마라는 '받는 사람' 입장에서 생각했기 때문에, 자전거의 '볼품없음'이 일상생활 속에서 불만이 생기는 원인임을 찾아낸 것입니다. 그리고 그뿐만 아니라 '받는 사람' 입장에서 갖고 싶어하는 자전거 디자인을 추구했기 때문에 '핸섬바이크'의 이미지를 명확히 그려낼 수 있었습니다.

'콘셉트'는 '물건을 만들기 위한 지도'

그렇다면 이렇게 도출한 이미지를, 그대로 디자인으로 재현해내면 어떨까요, 구체적으로 형상화한다면 좋을까요. 결론부터 말하자면, 그렇지 않습니다. 앞서 이야기했듯이 센스를 발휘하려면 집적된 지식을 최적화할 필요가 있습니다.

처음에는 많은 독자들이 '두꺼운 타이어'를 요구했습니다. 그러나 자전거에 박식한 사람이라면 알겠지만, 실제 자전거 타이어를 두껍게 만들면 마찰저항이 증가하여 거기에 아이를 태우면 페달이 무거워져 타기 힘들어집니다.

즉 "두꺼운 타이어가 좋다"는 의견은 그런 사정까지 고려한 답변은 아닌 것입니다. 단지 두꺼운 쪽이 보기에 좋을 것이란 이미지만 잡고 있었던 것뿐입니다.

"산악자전거처럼 생긴 자전거가 좋아요"란 의견도 그렇습니다. 실제 산악자전거는 다소 앞으로 기울인 자세로 타야만 하고 핸들이 일자로 되어 있어, 도저히 그 상태로는 아이를 태울 수 없습니다. 이것도 어디까지나 '이미지'에서 비롯된 의견입니다.

디자인에 반영할 때는 그런 심리나 실제 상황은 물론이고 안정성 등의 문제도 고려하면서 외형을 만족하게 하는, 동시에 실현 가능한 것으로 최적화해야만 합니다.

이 프로젝트의 경우, 그 실마리가 된 것은 비치크루저[•]였습니다. 앞에서 '너무 이상적'이라는 의견이 많았다고 언급한 안젤리나 졸리의 자전거가 비치크루저였던 것입니다.

산악자전거와는 다릅니다만 확실히 활동적이고 타이어가 두껍습니다. 안전성 면에서도 산악자전거보다 비치크루저가 우수합니다. 그래서 디자인의 방향성은 비치크루저를 기본으로 구상하게 된 것입니다.

다만 앞에서도 이야기했듯이 그냥 그대로 타이어를 너무 두껍게 한다면, 전동으로 만들더라도 페달 밟기가 어렵

[•] 폭이 두꺼운 벌룬타이어를 장착한 자전거. 내구성이 좋아 해변용으로 인기를 끌면서 비치크루저란 이름이 붙었다.

고 몸체도 무거워집니다. 그래서 좀더 연구해야만 했습니다. 그때 제가 생각해낸 것이 '시티크루저'라는 디자인 콘셉트입니다.

콘셉트라는 말은 제작 의도 등 여러 가지로 사용될 수 있는데 저는 '물건을 만들기 위한 지도'라고 생각합니다.

이 '지도'는 가능한 한 단순한 것이 좋습니다. 지도가 복잡하면 최종 모습을 향해 물어물어 가며 간신히 다다르기도 어렵게 됩니다. 왜냐하면 어떤 프로젝트도 혼자 하는 것이 아니기 때문이지요.

사회에 나가면 알게 되겠지만 대부분의 일은 여러 명이 함께 진행합니다. 그때 얼마나 단순하고 정확한 '지도'를 공유할 수 있느냐가, 일을 진행하는 데 있어 가장 중요합니다.

이 프로젝트의 경우, 편집부가 도출한 '핸섬자전거'란 구체적으로 어떤 자전거였을까.

그때 '시티크루저'와 같이 한마디 말로 짧고 명쾌하게 모두가 이해하는 단어를 찾을 수 있다면, 제작에서도 흔들림 없이 그것을 향해 곧장 나아갈 수 있습니다. 목표 이미지를 정확하게 인식하고 팀 전원이 공유할 수 있는 말로 바꿀 수 있느냐가 매우 중요합니다.

마침내 그 디자인 콘셉트를 토대로 여러 연구를 추가로

진행하여, 가까스로 유아 합승용 자전거의 원형이 완성되었습니다.

비치크루저 그대로는 아닙니다만, 타기 쉽도록 이용자를 배려했고, 핸들은 살짝 위로 올렸으며, 타이어는 알맞은 두께로 조정했습니다. 시간적인 제약 등으로 아이를 두 명 태울 수 있는 2인승 모델은 만들지 못했지만, 색상에는 여러 가지 변화를 주어 다양하게 만들었습니다.

2011년 6월 출시 당시, 편집부에서 인기 모델이 자전거를 타는 소개 기사를 게재했었는데 그 직후 기자에게 사전 예약을 접수해달라는 전화가 몰리면서, 놀랍게도 잡지용으로 준비했던 수량 모두가 40분 만에 팔렸습니다.

일반 발매 후에도 반응이 뜨거워, 연간 판매 목표였던 3천 대를 3개월 만에 달성하였고, 주문이 쇄도하여 생산이 수요를 좇아가지 못하는 상황이 벌어지기도 했습니다. 최종적으로는 1년간 1만 대 넘게 판 히트상품이 되었습니다.

'이기면 관군 지면 적군'이라는 유명한 격언이 있습니다. 이기면 충신 지면 역적인 것과 같은 의미로 이긴 것이 옳은 것이라는 뜻인데, 사회에서는 아무래도 이러한 면이 있습니다.

아무리 옳은 일을 하고 있어도 이기지 못하면 다음은 없습니다. 얼마나 힘들게 일했느냐와 상관없이 말이죠. 그러나 멋지게 이기면 상황은 달라집니다. 이 프로젝트도 결과가 매우 좋았기 때문에 순풍이 불었습니다. 제2탄을 만드는 것에 대한 논의가 시작되었고, 개발비도 개발 기간도 늘어났습니다.

지난번엔 미처 손대지 못했던 아동 2인 모델도 만들 수 있었습니다. 그후 2014년 3월에 새로운 모델을 출시하였는데, 이전 모델보다도 더 순조롭게 팔리고 있습니다(2016년 3월 현재, 판매 대수는 통산 5만 대를 넘을 정도입니다).

공통점을 찾는다

센스를 기르는 세 가지 방법 중 마지막은 '공통점을 찾는다'입니다.

지식을 쌓는 것도 분명 중요합니다만, 단지 아는 것뿐 아니라 제대로 뜻을 음미해두는 것도 중요합니다. '자기 나름의 지식으로 새로이 하라'고 제가 말하는 것은, 지식을 날 것 그대로 두는 것이 아니라 분석하고 해석해보라는 뜻입니다.

이를 위한 방법 중 하나가, 많은 것을 보고 그 근간에 흐르는 공통점이나 규칙을 찾아내는 것입니다.

저는 최근들어 매장을 만드는 일에도 자주 관여하고 있는데, 거기서 실제 사용하고 있는 규칙도 이런 방식으로 찾아낸 것들입니다.

어떻게 했는지 이야기해볼까요. 매장 공간 디자인의 경우라면 활기가 넘치고 붐비는 상업시설로 찾아가 최대한 빠르게 여러 매장을 휙 둘러봅니다. 빠른 걸음으로요.

그런 후 그중 '좋다'고 생각된 매장으로, 다시 한번 보러 가서 어떤 점이 좋다고 느껴졌는지를 메모합니다.

이때 반드시 주의해야 할 점은, 판매 상품은 보지 말아야 한다는 것입니다. 매장에서는 무심결에 판매 상품을 보게 되지만, 공간의 공통점을 알고자 하는 것이기 때문에 공간만을 희미하게 방관하는 듯한 느낌으로 쓱 바라봅니다. 곁눈질로 보다보면 언뜻 위험한 사람으로 보일런지도 모르겠지만요……(웃음).

그렇게 하다보면 공통점이 보입니다. 제가 깨달은 '손님이 많은 매장의 공통점'은 다음의 네 가지입니다.

- 바닥 색상이 어둡다.
- 통로가 다소 좁다.

- 상품을 어지러이 뒤섞어 두었다.
- 천장이 낮다. 또는 입구 위쪽이 너무 높지 않다.

이렇게 공통점을 찾아냈으면, 이번에는 나름대로 그 이유나 근거를 분석해봅니다. '바닥 색상이 어둡다'를 예로 들면, 왜 어두운색이 좋은 것일까, 왜 색이 어두우면 사람들이 쉽게 그 매장을 찾는 것일까를 고민합니다.

제가 내린 결론은, 바닥이 하얀색, 베이지색처럼 밝거나 깔끔한 색이면, 사람들은 그것을 더럽히게 될까봐 심리적으로 조심하는 게 아닐까 하는 것이었습니다. 학술적인 근거가 있는 것은 아니지만 실제 번창하고 있는 매장 중 많은 곳의 바닥이 어두운색입니다. 하얀색인 경우에도 고풍스런 분위기 덕분에 밟아도 무방하겠다는 느낌은 들었습니다.

어쩌면 이것은 특유의 문화 때문일지도 모릅니다. 일본에는 신발을 벗고 집에 들어가는 문화가 있기 때문에 청결한 곳을 신발을 신고 밟는 것에 대해 왠지 모를 저항감이 있습니다. 그 탓에 더럽혀진 곳 하나 없는 하얀 바닥이 앞에 있으면 잠재의식의 작용으로 들어가기를 주저하는 것 아닐까요.

이런 식으로 생각해서, 제가 디자인에 관여하는 매장은

바닥 색을 어둡게 하거나, 흰빛을 띠더라도 조명을 낮추어 더럽혀지는 것에 대한 저항감이 생기지 않는 분위기가 되도록 연구합니다.

다른 규칙에 관해서도 설명하자면, '통로가 다소 좁다'와 '상품을 어지러이 뒤섞어 두었다'는, 쇼핑에는 반드시 '보물찾기'와 같은 느낌이 있어야 한다는 것이 저의 결론입니다.

상업시설에 있는 소매점 같은 곳은 "오늘은 수건을 사야지" 같은 명확한 목적을 가지고 점포에 들어서는 사람보다 이유 없이 들러 "재미있는 물건이 없을까" 하며 뭔가 찾는 사람들이 많습니다. '통로가 다소 좁다'든가 '상품을 어지러이 뒤섞어 둔' 매장은 그런 기분을 부추기는 것이 아닐까 생각합니다.

물론 그것은 어디까지나 원칙이고, 매장에 따라서는 그렇게 하지 않는 편이 좋은 경우도 있습니다.

예를 들어 '상품을 매우 고급스럽게 보이고 싶을 때는 깔끔하게 진열하는 편이 좋다' 등 경우에 따른 최적화가 필요합니다.

그리고 마지막인 '천장이 낮다. 또는 입구 위쪽이 너무 높지 않다.'

이것은 말 그대로 매장이나 점포의 천장이 낮거나, 입구 또는 건축물의 정면인 파사드의 위쪽 방향이 높게 열린 느낌이 들지 않도록 하는 편이 사람들의 방문을 쉽게 한다는 것입니다.

저도 솔직히 의외였습니다. 공간을 오픈해 개방감이 들도록 하는 편이 문턱을 낮추어 들어가기 쉽게 하지 않을까 생각했었거든요.

그런데 실제 여러 매장을 방문해보니, 천장이 낮거나 입구가 그다지 높지 않았던 쪽이 정말로 들어가기가 더 쉬웠습니다.

다만 제 마음이 어째서 그랬던 것인지에 대해서는 아직 확고한 해답을 찾지 못했습니다.

어쩌면 사람들은 약간 둘러싸인 듯한 공간에서 더 아늑함을 느끼는 것은 아닐까 하는 생각이 들긴 합니다. 횅한 들판 한가운데서의 생활보다 방안에서의 생활이 안정적인 것과 비슷하게 말입니다.

어찌 되었든, 규칙으로서 틀림이 없다는 실제 느낌을 받았기 때문에 제가 공간 디자인에 관여하고 있는 매장은, 나카가와 마사시치 상점에서도 테네리타에서도, 모두 천장을 낮게 만들었습니다.

대개 어느 상업시설이든 규제가 있어서, 임차인 경우엔

그 범위 내에서 낮추었습니다. 'THE SHOP'이 입점해 있는 시설의 경우는 천장을 낮추는 것이 허가되지 않아 여러 고심 끝에 간판을 달아 입구의 높이를 낮추기도 했습니다.

설명할 수 없는 디자인은 없다

'대표 상품, 기본 상품을 파악한다' '유행을 찾는다' '공통점을 찾는다'.

지금까지 센스를 기르는 세 가지 방법에 관해 설명하면서 제가 실제로 작업했던 일의 진행 방법이나 생각하는 방식에 관해서도 상세히 소개했습니다.

저는 알고 있는 것은 모두 털어놓는 성격이어서, 대부분 이 자리에서 모두 이야기할 생각입니다. 시간 관계상 생략되는 부분은 있겠지만 기본적으로 여기서 이야기한 것 이외의 비밀은 없습니다.

어떻습니까? 번뜩이는 재치나 재능으로 승부하는 게 아니지요?

때때로 "딱히 설명할 순 없지만 이것은 좋은 디자인입니다"라고 말하는 디자이너가 있습니다만, 제가 보기에 이것은 거짓말입니다.

테네리타 나고야 라시크LACHIC점

센스가 지식의 총합을 근거로 하는 한 설명할 수 없는 디자인은 없습니다. 명확히 과제를 해결할 수 있는 크리에이티브라면 어떤 것이라도 당연히 설명할 수 있습니다.

그렇기 때문에 여러분도 센스가 없다든지 또는 디자인을 잘 모른다든지 하는 이상한 콤플렉스를 품을 필요가 없습니다.

물론 전제가 되는 지식은 필요합니다만, 그것은 몇년에 걸쳐 미술대학에서 공부해야만 얻을 수 있을 만큼의 것은 아닙니다. 오늘 소개한 세 가지 방법을 사용하여 자신의 노력으로 지식을 쌓는다면 해결될 문제입니다.

이것을 알게 되면 디자이너와도 대등하게 대화할 수 있고, 취직 후 기업의 홍보를 담당할 수도 있으며, 기업 경영자가 되어서도 크리에이티브 디렉터나 아트디렉터를 파트너로서 유용하게 잘 다룰 수 있습니다. 디자인을 무기로 삼을 수 있는 것입니다.

그것을 재차 확인한 후, 다음 강의에서는 브랜드파워를 발휘하는 방법, 즉 '브랜딩'에 관해 설명하겠습니다.

• **저자 관련 제작물 목록**

P58-59   THE 'THE GLASS'(오른쪽) 'THE SHIRTS'(왼쪽) 2012년 / 제
               품, 패키지
               PH(상품 촬영) 오바라 기요시(P62 아래)

P60   THE 'THE SHOP' 2012년(위) / 매장 디자인
               CD 미즈노 마나부 **시공** D.Brain **PH**(매장 촬영) 아노 다이치
               THE 'THE CORNER@ISETAN' 2015년(아래)
               매장 디자인 스기모토 히로시 **PH**(매장 촬영) 아노 다이치

P79   코와 '테레니타 나고야 라시크점' 2014년 / 매장 디자인
               CD · AD 미즈노 마나부 **매장 설계** 가쓰타 다카오

제 3 강.

브랜딩으로
얼마든지 바뀔 수 있다

세상을 깜짝 놀라게 하지 말라

이번 강의는 다음의 말로 시작합니다.

'세상을 깜짝 놀라게 하지 말라.'

앞의 강의에서도 조금은 언급했지만, 차별화나 아이디어라는 것은 정말이지 잘못 생각되는 경우가 많은 것 같습니다.

사실은 약간만 달라도 괜찮을 텐데, 차별화를 시도하고 아이디어를 내기 시작하면 어떻게 해서든 꼭 세상에 아직 없는 것을 만들어야지 하며 뭔가 엉뚱한 것을 생각하고 맙니다.

그런 까닭에 기발하지만 불필요한 것을 무리하게 만들어버려, 세상에서 인정받지 못하거나 팔리지 않는 경우가 적지 않습니다.

이런 의미에서 '세상을 깜짝 놀라게 하지 말라'는 것입니다. 깜짝 놀라게 하는 것에 구애받아선 안 됩니다.

애초에 사람을 놀라게 하려는 것뿐이라면 그다지 어렵지 않습니다.

예를 들어, 애플에서 후줄근한 아이폰이 새로 발매된다

면 모두 깜짝 놀라겠죠? 하지만 그런 상품을 출시한다면 분명 아무도 좋아하지 않을 것입니다.

어쨌든 이것은 조금 극단적인 예이긴 하지만, 현실에선 정도가 다르긴 해도 이와 똑같이 놀라게 하는 것에 얽매여 이상한 모습으로 기이함을 뽐내는 상품이나 광고, 기업 홍보가 많습니다.

하지만 그래서는 인정받을 수도 없고 성공할 수도 없지요. 소비자는 그런 것을 원하지 않기 때문입니다.

놀라게 한다면, 화제가 될 수도 있고 어쩌면 잠깐은 팔릴 수도 있습니다. 그러나 지속적으로 팔리기는 어렵습니다.

그렇다면 어떻게 해야 상품을 지속해서 팔 수 있을까요, 첫 강의에서도 설명했었지만 거기에 필요한 것이 바로 '브랜드파워'입니다.

지금의 시대는 물건이 포화상태이고 게다가 상품의 수준도 높아지고 있어서 그대로 내버려두면 기능이나 스펙으로는 차이를 만들 수 없습니다. 소비자로서도 선택하기 어렵습니다.

그렇기 때문에 분명히 차별화는 필요하지만, 그래도 지금 이야기했듯이 기이함을 뽐내는 상품은 성공할 수 없습니다.

그래서 브랜드의 힘으로 차별화하는 것입니다. 브랜드의 힘으로 소비자에게 선택받는 것입니다.

그렇게 하지 않으면, 이제는 상품을 '팔리는 것으로 만들기'가 어렵다고 해도 과언이 아닐 정도지요.

브랜드파워를 지닌 기업의 세 가지 조건

그렇다면 브랜드란 무엇일까요.

이것도 이미 설명한 것입니다만 한마디로 말하면, 브랜드란 그 상품'다움', 기업'다움'입니다. 상품이나 기업이 본래 지니고 있는 생각과 뜻을 포함한 특유의 매력으로, 그것은 현실에서 물건으로 존재하는 게 아니라 이미지로 소비자들의 머릿속에 각인되어 있습니다.

그 이미지는 광고 등의 커뮤니케이션이나 상품디자인, 포장, 매장 레이아웃, 팸플릿에 이르기까지 상품이나 기업과 관련한 모든 산출물의 축적으로 만들어집니다. 기업이라면 사장의 언동이나 복장, 행동거지 등도 포함됩니다.

따라서 힘 있는 브랜드를 만들고자 한다면 모든 산출물을 컨트롤할 필요, 즉 '보이는 방식'을 통제할 필요가 있습니다.

사실 그것을 실현할 수 있는 기업, 다시 말해 브랜드파워가 있는 기업에는 공통점이 있습니다. 제가 본 바로는 그 조건은 세 가지입니다.

　한 가지는, '최고경영자의 크리에이티브 감각이 뛰어나다.'

　또다른 한 가지는, '경영자의 '우뇌*'로서 크리에이티브 디렉터를 초빙하여, 경영적 판단을 한다.'

　그리고 마지막은, '경영진 직속으로 '크리에이티브 전담팀'이 있다'입니다.

　기업으로서 브랜드파워를 발휘하려면, 이 세 가지 모두를 충족하지는 못하더라도, 적어도 이중 한 가지를 충족할 필요는 있다고 생각합니다.

　순서대로 상세히 설명하면, 첫번째 '사장의 크리에이티브 감각이 뛰어나다'는 애플을 떠올리면 됩니다.

　애플 제품을 많은 사람이 사용하는 가장 큰 이유는, 무엇보다 '외형이 근사'하기 때문입니다. 제품은 물론 애플 스토어 건물도, 웹사이트도, 포장 방식조차도 근사합니다.

---

* 　창의력, 직관력, 감정 등을 관장하는 뇌의 부분. 주로 이성은 좌뇌, 감성은 우뇌의 영향을 받는다고 한다.

거기까지 철저히 관리하므로 소비자는 애플에 대해 '높은 미의식을 가지고 디자인에 힘을 불어넣는 기업'이란 이미지를 품는 것이지요.

이것은 역시 스티브 잡스라는 최고경영자의 미의식이 기업활동에 반영되어 이어져 온 결과입니다. 애플의 성공 요인에 관해서는 여러 가지 분석이 있습니다만, 그 속에서 생겨난 이미지가 축적되면서 만들어진 압도적 브랜드파워가 기반이 되었음은 틀림없습니다.

마찬가지로 첫 강의에서 소개했던 다이슨도 그렇습니다. 창업자인 제임스 다이슨James Dyson은 학창 시절 디자인을 배웠을 정도이니, 제품뿐 아니라 여러 산출물에까지 미의식이 뻗쳐 있다고 할 수 있습니다.

일론 머스크Elon Musk가 거느리는 테슬라 모터스Tesla Motors도 마찬가지입니다.

최고경영자의 크리에이티브 감각이 뛰어나 그것을 발휘하는 기업은, 역시 구석구석까지 골고루 미의식이 퍼지기 쉬우며, 강한 브랜드가 만들어지기 쉽습니다.

존 C. 제이가 기용된 이유

이어서 두번째. '경영자의 '우뇌'로서 크리에이티브 디렉터를 초빙하여, 경영적 판단을 한다'입니다.

제가 지금 관여하고 있는 일의 대부분이 이것입니다. 어쩌면 이곳 게이오 대학의 쇼난 후지사와 캠퍼스에서도 교편을 잡고 있는, 크리에이티브 디렉터 사토 가시와 씨가 이 분야의 선구자 같은 존재라 해도 되겠습니다.

따로 크리에이티브 디렉터란 직함의 사람이 있어야만 하는 것은 아니고, 아트디렉터여도, 디자이너여도 좋습니다. '디자인이나 크리에이티브를 아는 사람'을 경영의 조력자로 두면 됩니다.

최근 이것을 상징하는 큰 사건이 있었는데, 아는 사람이 있나요?

2014년 10월의 일입니다만, '유니클로'를 산하에 둔 패스트리테일링Fast Retailing이 새로 만든 '글로벌 크리에이티브 총괄' 자리에 존 C. 제이John C. Jay를 기용한다고 발표했습니다.

존 C. 제이 씨는 그 전까지 세계적으로 유명한 광고회사인 와이든+케네디Wieden+Kennedy의 공동 경영자였던 사람으로, 나이키를 비롯한 수많은 글로벌 브랜드의 브랜딩 등을 직접 담당해온 크리에이티브 디렉터입니다.

저는 제이가 생존하는 크리에이티브 디렉터 중 최고라고 생각하는데, 사실 패스트리테일링과 그가 함께 일한 것이 그때가 처음은 아닙니다. 제이가 와이든+케네디의 일본 지사장으로 근무할 때인 1990년대가 끝나갈 무렵부터 2000년대 초반에 걸쳐, 크리에이티브 파트너로서 유니클로의 브랜딩에 관여했었습니다.

여러분은 아직 20세 정도밖에 안되었으니 오래전의 유니클로는 알지 못하리라 생각됩니다만, 1990년대 초반까지는 본사가 있는 야마구치현을 거점으로 주로 지방에서 사업을 전개한 브랜드였습니다.

텔레비전 CM으로, 계산대 앞에서 아줌마가 차곡차곡 옷을 벗으며 "유니클로는 이유를 묻지 않고 반품, 교환해드립니다"라는 메시지를 전하는 작은 콩트도 내보냈던, 지금과는 완전히 다른 이미지였습니다.

그러던 것이 도시로 본격적으로 진출하여 제이가 브랜딩에 참여한 것을 계기로 기업의 커뮤니케이션이 한순간에 바뀌었습니다.

"유니클로는 모든 사람이 좋은 캐주얼 의류를 입을 수 있도록 하는 새로운 일본의 기업입니다"라는 미션을 정하고,

패스트리테일링의 야나이 다다시 사장(왼쪽)과 존 C. 제이(오른쪽)

상품 중 후리스만을 조용히 비추는 것 같은 후리스 붐˙의 계기가 된 텔레비전 CM을 방영하고, 그룹의 경영이념을 책정하고…….

그때 했던 일들이, 현재 유니클로 브랜드 이미지의 기초를 만들었다고 해도 과언이 아닙니다.

제이는 계약이 끝남과 동시에 일단은 떠났고, 얼마 지나지 않아 유니클로는 전국에 대규모 매장을 냈으며 심지어 해외로도 진출했습니다. 그러나 그후 시간이 흘러 패스트 리테일링이 다시금 새롭게 글로벌 전략을 본격화하려는 단계에 이르자 "한번 더 부탁합니다. 이번에는 같은 회사의 동료로서"가 이루어진 것입니다. 이것이 그 발표였습니다.

미디어에서는 패스트리테일링의 야나이 다다시 사장과 제이가 다정하게 어깨동무를 하거나 기쁘게 악수하는 사진을 보도했습니다. 그것은 저에게도 매우 인상적이었습니다.

저도 여러 번 만난 적이 있는데, 야나이 사장은 굉장히 다부지고 기백이 넘쳐 특유의 긴장감 같은 것을 지닌 분입니다. 제이는 그런 분과도 부담없이 어깨동무를 할 수 있는

• 의류브랜드 유니클로가 만든 후리스가 선풍적인 인기를 끌면서 나온 신조어. 후리스fleece는 원래 털발이 길고 부드러운 양모 등의 털을 뜻함. 가볍고 따뜻하다.

패스트리테일링 '유니클로 후리스 1900엔' 편

관계라는 것을 그 사진이 말해주고 있었습니다.

요컨대 동료인 것이지요.

부하로서도 아니고 하물며 외주도 아닌, 동지라는 것. 경영자로서 역사에 남을 만한 공적을 남긴 사람과 크리에이티브 영역에서 위대한 공적을 거둔 사람이 대등한 관계로 서로를 인정하고 있다는 것.

그렇기 때문에 철저하게 기업의 커뮤니케이션을 바꿀 수도 있고, 둘도 없이 멋진 브랜드 이미지를 만들 수도 있는 것이겠지요.

경영의 시각인가, 크리에이티브의 시각인가

이제 세번째 조건, '경영진 직속으로 '크리에이티브 전담 팀'이 있다.'

이것은 '크리에이티브 전담'라는 부서가 있어야만 한다는 의미는 물론 아니고, 크리에이티브나 디자인을 다루는 부문이나 팀이 경영진 바로 가까이에 위치하고 있어야 한다는 말입니다.

대표적인 브랜드가 시세이도Shiseido입니다. 시세이도는 예전부터 독특한 문화를 지닌 홍보 부문이나 디자인 부문을 사내 중심부에 두고, 경영의 시각인지 크리에이티브의 시각인지, 어느 쪽인지 확실치 않을 정도로 크리에이티브한 사고방식으로 사업을 운영해왔습니다.

종종 20세기의 긴자* 문화를 만든 기업으로까지 불리기도 합니다만, 사람들의 생활 속속들이 영향력을 지닐 수 있었던 것에는 아마 이 '크리에이티브 전담팀'의 존재가 크게 작용했을 것입니다.

그 외에도, 1990년대 중반 경영 위기에 빠졌던 닛산자동차Nissan가 1999년 이후 보여준 부활 신화에도 이 '사장 직속 크리에이티브 전담팀'이 관련되어 있습니다.

'코스트 커터Cost Cutter'라는 별칭으로 알려져 있는 카를로스 곤Carlos Ghosn 사장의 대담한 효율화만 주로 주목받았지만, 사실 곤 사장은 닛산자동차로 부임한 직후, 그때까지 기술부서 맨 끝에 있던 디자인팀을 사장실 직속으로 옮겼습니다.

이것은 제 추측입니다만, 경영 경험이 풍부한 곤 사장은 기업 커뮤니케이션에서 크리에이티브의 중요성을 이미 간파하고 있었다고 생각합니다.

* 일본 최초의 근대화 거리로, 20세기 최고급 상점가로 성장한 도쿄의 유명 번화가.

'최고경영자의 크리에이티브 감각이 뛰어나다' '경영자의 '우뇌'로서 크리에이티브 디렉터를 초빙하여, 경영적 판단을 한다' '경영진 직속으로 '크리에이티브 전담팀'이 있다'. 이 세 가지를 저는 '브랜드파워가 있는 기업의 세 가지 조건'으로 부릅니다만, 지금의 설명에서 알 수 있듯이 브랜드파워를 발휘하는 기업 대부분은 결국 경영전략의 핵심으로 디자인적 시각을 지니고 있습니다.

최근 '디자인 경영'이라는 개념이 주목받고도 있지만, 크리에이티브 영역은 이제 경영에 관한 중요 테마가 되고 있습니다. 이 세 가지 조건의 차이점은 크리에이티브에 대한 적용 방법입니다.

크리에이티브 감각이 뛰어난 최고경영진이 직접 컨트롤하는가.

크리에이티브 디렉터나 아트디렉터라는 외부 전문가의 힘을 빌리는가.

회사 내 힘을 결집하여 팀이나 부문으로 대처하는가.

이중의 한 가지가 아니라 모두를 실천하는 기업도 적지 않지만, 어느 쪽이든 기업 브랜딩은 경영의 과제로 인식해야만 합니다.

브랜딩은 어디까지나 수단이다

그러나 잊지 말아야 할 것은 브랜드 만들기가 목적은 아니라는 점입니다.

브랜드가 필요하고 중요하다고 생각하기 시작하면 어느새 그것을 목적으로 여기는 경향이 있지만, 어디까지나 브랜딩은 수단에 지나지 않습니다. 중요한 것은 그 앞에 있는 목적입니다. 이것을 명심하기 바랍니다.

자, 그러면 목적은 무엇일까요.

쉽게 말하면 '매출'입니다. 산출물의 외형이 아무리 아름다워도, 모두가 좋다고 말해도, 제품이 전혀 팔리지 않으면 의미가 없습니다.

또는 직접 매출을 올리진 못해도, 지명도가 올라간다든지 사람이 모인다든지 하는 그 기업이 지향하는 이익을 얻을 수 있어야만 가치가 있는 것입니다.

그러므로 만약 여러분이 경영자가 되어 자기 회사의 브랜딩 파트너를 선택하거나, 담당자로서 상품 브랜딩을 외부 크리에이티브 디렉터나 아트디렉터에게 의뢰할 때는, 그 사람이 지금까지 직접 해온 일을 잘 살펴보기 바랍니다.

그냥 외형이 멋진 물건, 예쁜 물건을 만들었던 것에 불과한 것이 아니라 확실히 제품이 잘 팔렸었는지를 확인해봐야 합니다.

이렇게 말하면, "실적을 확인하는 건 당연하잖아요?"라고 생각할 사람도 있을 것입니다.

그러나 "어떤 물건을 만들었을까" "어떤 일을 했을까"는 주목해서 보지만 "그래서 제품이 잘 팔렸습니까"라는 것까지 알려고 하는 사람은 의외로 많지 않습니다.

게다가 유감스럽게도, 제가 아는 한에서는 제품을 판매하는 것에 이르기까지 정확히 생각할 수 있는 아트디렉터나 디자이너는 그다지 많지 않습니다.

모처럼 경영자가 디자인의 힘을 이해해서 브랜딩을 하려고 하는데, 파트너 선택을 잘못한 탓에 가장 중요한 상품은 전혀 팔리지 않는, 그런 경우가 정말로 종종 발생합니다.

물론 아까도 말했듯이 목적이 매출이 아니라면 확인해야 할 내용도 달라지겠지요.

실적은 순조롭지만 지명도가 낮은 기업이라면, 그 상품은 팔리지 않아도 좋으니 매우 눈에 잘 띄는 물건으로 만들고 싶을 수도 있고, 크리에이티브에 힘을 싣고 있다는 기업의 자세를 보여주기 위해 매출보다는 디자인을 중시한 제품을 만들어 해외에서 디자인 상을 받음으로 존재감을 나타내고 싶을 수도 있겠지요.

기업에 따라 처한 상황이 당연히 다르므로 목적은 여러 가지여도 좋습니다. 단, 목적을 달성하려면 역시 그것에 적당한 파트너를 찾는 것이 중요합니다.

무엇이 어떻게 바뀌어야 더욱 매력적으로 되는가?

그러면 실제로 무엇을 어떻게 고민하고, 어떤 식으로 브랜딩에 대처해나가야 할까요.

2007년부터 제가 관여하고 있는 나카가와 마사시치 상점의 사례를 기반으로 설명하겠습니다.

나카가와 마사시치 상점은 생활잡화와 공예품을 취급하는 '나카가와 마사시치 상점'과 '일본 포목'을 콘셉트로 하는 '유 나카가와遊中川', 이외에도 일본 공예를 기본으로 한 전문 브랜드 등을 운영하는 기업입니다. 전국의 백화점과 도쿄 도내에선 도쿄 미드타운, 도쿄역 앞의 키테KITTE 등에 점포가 있어, 아는 사람도 있으리라 생각됩니다.

사실 이 나카가와 마사시치 상점의 본사는 나라에 있습니다.

게다가 창업은 무려 1716년. 줄곧 공예품을 취급해 온, 굉장한 역사를 지닌 기업입니다.

그렇지만 요즘 시대에 전통적인 공예품이 잘 팔릴까를 따져보면 사실 조금 어렵다고 볼 수 있지요.

예를 들면 솜씨 좋은 장인이 만든 수만 엔을 호가하는 칠기 그릇은 확실히 아주 멋지긴 하지만, 도구로서 식사에만 사용할 뿐이라면 플라스틱 그릇이라도 같은 기능으로 사용할 수 있습니다. 그런 것은 지금이라면 100엔숍에서도 살 수 있기 때문에, 정말로 뭔가 특별한 이유가 있지 않은 한 보통의 사람이라면 수만 엔짜리 그릇은 사지 않을 것입니다.

이것은 좀 극단적인 예이긴 하지만, 이런저런 공예품이 비슷한 이유로 잘 팔리지 않습니다. 일본 전통 공예는 여러분이 생각하는 것 이상으로 고전을 면치 못하고 있습니다.

제가 함께 일하고 있는 앞서의 나카가와 마사시치 상점도 예외는 아니어서, 그런 어려움으로 고민 중이었습니다.

그래서 결국 공예품만 고집하던 것에서 벗어나 일본풍 잡화로도 진출하여 거기서의 사업 가능성을 모색했던 것입니다.

2001년에는 마 소재의 소품을 주로 취급하는 '유 나카가와'의 안테나숍을 도쿄 에비스에 개점하였고, 2003년에는 새로운 제품 브랜드인 '키사라kisara'를 출시하였습니다.

새로운 시도가 주목받아 미디어에도 오르내리며 매출은 순조롭게 증가했습니다. 덧붙여 말하면, 이 당시 소매 브랜드는 이 두 가지뿐이었고 '나카가와 마사시치 상점'이라는 브랜드는 아직 없었습니다.

그러던 중 제게 한 통의 편지가 왔습니다. 2007년의 일입니다. 발신인은 나카가와 마사시치 상점의 나카가와 준 씨. 지금은 나카가와 마사시치 상점의 13대 사장입니다만 당시에는 상무이사였습니다.

"갑작스럽게 편지를 보내 죄송합니다"라고 쓰여 있듯이, 뭔가 예고도 없이 정말로 갑자기 보내온 편지였습니다. 만나 보니 의뢰 내용은, 25주년을 맞는 '유 나카가와'의 쇼핑백을 다시 디자인하고 싶다는 것이었습니다.

그러나 저는 그 자리에서 생각했습니다. 쇼핑백만 바꾼다고 해서 사람들이 상점에 자주 오게 될까.

예를 들어 어르신들이 주로 들리는 스가모 상점가에 있는, 나이 지긋하신 남성용 양복만을 파는 상점의 쇼핑백이 맘에 든다고 해서 여러분은 그 상점에 가겠습니까? 가지 않을 겁니다. 그런 것에 생각이 미치자, 할 바에는 확실히 고객들이 그 상점으로 발길을 옮기도록 하자는, 그런 제안을 해야겠다고 생각했습니다.

자, 그렇다면 무엇이 어떻게 바뀌어야 그 상점이 더욱 매력적으로 될까요.

그것을 고민하기 위해, 우선 저는 나카가와 마사시치 상점에 대한 조사부터 시작했습니다.

의뢰받지 않은 제안

앞서도 이야기했지만, 창업은 1716년. 이것이 일단 정말 대단합니다. 이토록 역사가 오랜 기업은 별로 없습니다. 그리고 본사가 나라에 있다는 것도 매력적입니다.

나라에 사는 주민들은 "교토에 뒤지고 있다" 같은 생각을 많이 할 것 같지만, 전혀 그렇지 않습니다. 교토와 비교해도 역사에 있어서만큼은 더 오래된 도시다운 정취가 있습니다.

기업의 역사와 나라. 두 가지만으로도 굉장한 재산입니다. 그러나 저는 당시의 나카가와 마사시치 상점이 그것을 잘 살리지 못하고 있다는 생각이 들었습니다.

그래서 제가 했던 일. 그것은 의뢰받지도 않은 제안이었습니다.

그중 한 가지는 '유 나카가와' 브랜드에 관한 것이 아니라 나카가와 마사시치 상점이라는 회사 자체의 기업 로고 제안이었습니다. 300년 가까운 역사와 옛 도읍인 나라가 느껴지는 로고를 만들어, 오랜 전통의 상점이 지닌 신뢰감을 나타낸다면 좋으리라 생각했습니다.

쇼핑백 디자인을 의뢰했다가 로고를 제안 받으면 보통은 "이게 뭐지?"라고 생각하겠지요. 그래서 "필요 없습니다"라고 한다면, 고생해서 만들어도 보수는 받지 못합니다. 저도 알고 있었지만 그런데도 해버렸죠.

의뢰받지 않은 제안 두번째. 회사명을 그대로 살린 '나카가와 마사시치 상점'이라는 새로운 브랜드를 만들면 어떨까요. 이것도 제안해버렸습니다.

이미 운영하는 브랜드는 '유 나카가와'와 '키사라'로, 어느 쪽이든 요즘 시대 느낌이 나는 명칭입니다. 이것은 타깃이 여성이기 때문이기도 하지만, 나중에 물어본 바로는 '나카가와 마사시치 상점'이란 상호는 진부해보이지 않을까' 하는 생각에서, 굳이 드러나지 않도록 다른 상호들을 준비해두었던 것 같습니다.

그럼에도 불구하고 저는 "그 명칭을 전면에 내세워 사용하는 편이 더 좋지 않을까요"라는 말을 꺼냈던 것입니다. 괜한 참견인 거지요(웃음), 정말로.

그러나 저도 물론 즉흥적인 생각에서 말한 것은 아니고, 장기판의 수를 읽듯 확실한 판단을 한 후였습니다. 왜냐하면, '유 나카가와'나 '키사라'는 어느 쪽이든 예쁘장한 일본풍 잡화를 취급하고 있어 경쟁 브랜드나 상품이 적지 않았습니다.

물론 대상 고객이 있기 때문에 그 브랜드는 그 시장에서 확실히 자리매김 해야 하지만, 해당 분야의 시장 규모를 생각해보면 보다 큰 성장을 기대하기는 어려우리라 생각했습니다. 기업을 한층 더 성장시키려면 뭔가 새로운 한 수가 있어야 하는 것 아닐까. 그래서 새로운 업태로 승부하는 것은 어떨까. 이렇게 생각해서 제안했던 겁니다.

콘셉트는 '온고지신'. 방향성은 요즘 시대의 일본풍 잡화점이 아니라 예로부터의 '일본전통和 생활' 중에 있는 지혜를 전하는 브랜드로 내세운다는 것. 덧붙이자면 앞서도 이야기했듯이 콘셉트는 팀을 움직여가는 '지도'이므로 일부러 쉬운 말을 사용해서 오해가 없도록 했습니다.

그래서 쇼핑백 제안 내용을 듣고자 제 사무실로 찾아온 나카가와 씨에게, 우선 백의 제안 내용을 설명하며, "좀 더 생각해봤습니다만……" 하면서 지금 이야기한 로고와 새로운 브랜드를 제안했습니다.

그러자 놀랍게도 그 자리에서 바로 "합시다"란 말을 들었습니다. "합시다. 분명히 저희는 300년 역사와 옛 도읍인 나라를 가볍게 여기고 있었습니다. '나라'는 외부에서 볼 때 분명한 강점이지요."

나카가와 씨는 교토 대학을 졸업하고 후지쓰에서 근무했던 데다가 상점 소유주여서 그랬는지 역시 대단했습니다. 제가 제안한 것이 무엇이든지 간에 바로 결정한다는 것은 좀처럼 하기 어려운 일입니다. 담당자라면 당연히 바로 결정할 수 없을 것이고, 경영자라 하더라도 역시 결단하려 할 때는 신중해지면서 생각할 시간을 달라며 돌아가기 때문입니다.

그러나 나카가와 씨는 바로 결정했습니다. 그 정도로 브랜드란 것에 대해 깊은 이해가 있었던 것이지요.

이런 경영자였기에 나카가와 마사시치 상점의 브랜딩은 성공할 수 있었습니다.

왜 골판지 상자까지 디자인했을까

이런 경위를 거쳐, 2008년 새로운 로고가 도입되었습니다. 그와 동시에, 회사 안팎의 브랜딩을 철저히 관리하면서 상품에 달린 태그를 시작으로 회사용 봉투나 배송용 골판지 상자까지도 새로 디자인하였습니다.

상품 태그나 봉투는 그렇다 쳐도, 골판지 상자는 기본적으로 상점과 본사 창고를 이어주는 유통 외에는 사용하지 않기 때문에, 흔히 있는 무지의 갈색 상자를 사용해도 지장이 없습니다. 그럼에도 불구하고 왜 그것까지도 디자인했을까요.

이유는 두 가지입니다. 한 가지는 상점 등의 뒤뜰에 놓아둔 상자가 우연히 고객 눈에 띄었을 때도 좋은 이미지를 주기 때문입니다.

한 사람의 인품과 함께, 살짝 엿보았던 옆얼굴에 따라서도 인상이 좌우됩니다. 그것은 점포든 기업이든 마찬가지입니다.

브랜드는 일체의 모든 산출물로 인해 만들어지는 것. 브랜드는 세부적인 부분에 머무는 것입니다.

또 한 가지는 직원의 동기부여에 영향을 주기 때문입니다.

지금까지의 강의에서는 다루지 않았지만, 기업 브랜딩은 실제로 직원의 동기부여를 향상하는 효과로도 이어집니다. 근사한 브랜드에서 일한다면 좀더 자랑스러운 기분이 들기 때문입니다.

나카가와 마사시치 상점 기업로고

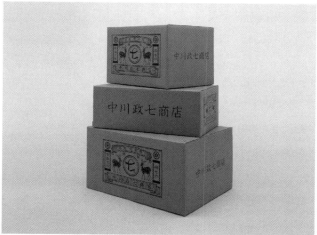

나카가와 마사시치 상점 쇼핑백(위), 골판지 상자(아래)

물론 채용에도 좋은 영향이 생기겠지요. 우수한 인재의 지원이 늘어나게 됩니다.

자신이 그 입장이 되어 생각해보세요. 같은 업종에서, 조건이 거의 같은 두 개 기업이 있고 한쪽의 브랜드 이미지가 압도적으로 좋다면 보통은 그쪽을 선택하겠지요.

결국 브랜딩은 기업 자체의 힘도 향상시킵니다. 물론 브랜딩을 하면, 직원의 동기부여도 향상되고 우수한 인재도 모이게 됩니다. 그것을 한 곳과 안 한 곳 사이엔 10년 정도 지나면 확연한 차이가 생겨납니다.

저는 그렇게 생각하였고, 나카가와 씨도 그런 생각을 알아준 것이지요. 그래서 골판지 상자 디자인에까지 신경쓴 것입니다.

또한 이때 새로 출점한 '유 나카가와' 점포의 내부 인테리어도, 몇 개 매장은 제가 직접 손보았습니다.

제안했던 새로운 브랜드 '나카가와 마사시치 상점'은 완전히 처음부터 운영을 시작하는 것이어서 준비에 시간이 걸렸습니다. 그사이, 기존 매장 중 매출을 높일 곳부터 바꿨으면 좋겠다는 나카가와 씨의 뜻도 있어, 건축가인 미야자와 가즈히코 씨와 함께 '유 나카가와' 매장의 세세한 곳까지 설계, 디자인하며 손보았던 것입니다.

거기서 좋은 결과가 나왔으므로, 나카가와 씨도 제가 하는 일을 더욱 신뢰해 주었다고 생각합니다.

2010년에는 신사옥 디자인 디렉션을 맡았습니다. 설계는 건축가인 요시무라 야스다카 씨에게 부탁했습니다. 저는 전체 디렉션뿐 아니라 '사옥홍보모임에 관한 커뮤니케이션' 등도 직접 다루었습니다. 어떻게 하면 모임에 오고 싶어지도록 할까를 고민하면서, 홍보인쇄물인 DM을 오동나무 상자에 넣기도 하고, 심심풀이 놀잇감도 섞어 넣으면서 공을 들였습니다.

새로운 브랜드 '나카가와 마사시치 상점'의 개점을 발표한 것도 같은 해입니다. 1호점은 내부 인테리어를 공간디자인 회사인 graf에 의뢰하여 교토의 번화가인 시조가라스마에 만들었습니다.

어디까지나 나라의 매력을 활용한 브랜드지만 향후 전국으로 확대할 것을 생각하면, 역시 첫 시작의 장소로서 교토가 나쁘지 않다고 생각했습니다. 처음엔 교토 사람들이 약간 머뭇거리는 듯했지만, 지금은 완전히 인정받아 매출도 점점 늘고 있습니다.

게다가 2013년에는 나카가와 마사시치 상점의 손수건 브랜드인 'motta'의 출범에도 관여했습니다.

나카가와 마사시치 상점 본사 사옥

나카가와 마사시치 상점 신사옥홍보모임 안내

손수건이라면 매우 일상적인 제품이지만, 사실 '손수건 브랜드'라 했을 때 좀처럼 바로 떠오르는 건 없습니다. 의류 브랜드의 손수건은 있지만, 손수건 전문브랜드 같은 것은 거의 없습니다.

나카가와 씨가 이런 '비어 있는 곳'에 주목한 것이지요.

그래서 제품과 포장을 정성껏 디자인해서 운영해보니, 첫해 연 매출이 무려 1억 엔이나 되었습니다. 손수건이라면 상품단가가 그다지 높지 않으니 정말 대단한 것이지요.

실제로 보면 알겠지만 상품 자체는 전혀 기발하지 않습니다. 지금까지의 손수건 이미지를 뒤집는 모양이라든지 무늬 같은 것은 전혀 없습니다.

물론 손수건 상표를 예쁘게 만들고 한 장씩 들어가는 패키지 포장을 하는 등 디자인 측면의 연구는 했습니다만, 역시 '손수건 브랜드가 없다'는 것을 알아차린 것이 성공의 가장 큰 요인이었습니다. 이런 기회는 아직도 세상에 많이 있을 것입니다.

이외에도 나라에 있는 '유 나카가와' 본점을 재단장하였고, 양말이나 행주 등의 전문브랜드를 만들었으며, 일본 각지의 전통 공예품 컨설팅 프로젝트를 본격화하는 등 많은 활동이 있었습니다. 그리고 현재까지도 모두 순조롭게 운영되고 있습니다.

그렇게 브랜딩에 철저히 몰두한 결과, 7년 만에 주식회사 나카가와 마사시치 상점의 매출은 약 네 배 증가했습니다.

기업 활동은 '목적'과 '대의'에서 시작된다

저는 여러 기업과 일을 하고 있습니다만 브랜딩에 관여할 때는 가장 먼저 경영자와 많은 이야기를 나눕니다. 지향하는 바를 정확히 공유할 수 없으면 브랜딩 방향이 잘못되어 버리기 때문입니다.

그래서 반드시 확인하는 것이 기업의 '목적'과 '대의'입니다.

저는 기업의 활동은 모두 이 두 가지로부터 비롯된다고 생각합니다. 그것을 파악해놓으면 방향을 잘못 잡는 일은 거의 없습니다.

그러나 목적을 질문 받았을 때는 쉽게 답하지만, 대의를 명확히 답할 수 있는 경영자는 그다지 많지 않습니다.

대의가 없다는 것이 아니라, 높은 뜻을 지니고는 있지만 그것이 말로써 구체화하지 않은 경우가 많습니다. 그래서 이런저런 이야기를 나누는 중에 경영자 자신이 그것을 알

나카가와 마사시치 상점 'motta' 선물포장상자와 손수건(위), 쇼핑백(아래)

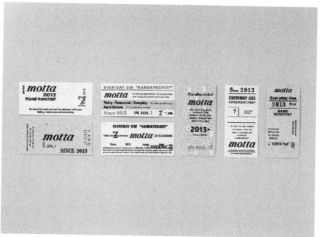

나카가와 마사시치 상점 'motta' 선물포장상자(위), 브랜드카드(아래)

아차리고 "말로 표현해봅시다. 광고 문구로 만들어봅시다"라며 제게 요청합니다.

나카가와 씨와도 물론 그런 이야기를 나누었습니다. 그리고 그때 나카가와 씨의 입에서 나온 말이 "일본 공예를 부흥시키자!"라는 대의였습니다.

이러한 말이 기업의 '다움'이라는 나아갈 방향을 정하는 지침이 되고, 무엇보다 직원들이 '자신이 중요하다는 느낌'을 강하게 갖도록 해줍니다.

일하는 것은 돈을 벌기 위함이라고 말하는 사람도 분명 있지만, 정말로 중요한 것은 '자신의 일이 세상을 위한 것'임을 실제로 느끼는 것입니다.

물론 급여를 올린다든가 한 명 한 명의 의견을 존중한다든가 권한을 이양한다든가……, 조직의 역할에는 그런 것도 중요하지만, 그것만으로 직원의 열정을 끌어낼 수는 없습니다. 일로 이어지지도 못합니다. 직원들은 자신의 기업이 사회에 매우 중요한 존재이고 자신도 또한 중요한 존재임을 체감하길 원합니다.

나카가와 마사시치 상점의 경우도 '일본 공예를 부흥시키자!'라는 대의를 말로써 명확히 내세우자 직원들의 동기부여에 변화가 생겼습니다.

자신이 점포에서 잡화나 소품을 판매하는 것은 고객을 기쁘게 할 뿐 아니라, 실은 그것이 일본 공예를 부흥시키는 데 도움이 된다는 것을 인식할 수 있었기 때문이지요.

'대의'는 기업활동의 폭을 결정한다

한 가지 더. 대의를 명확히 하게 되면, 대의와 연결되어 기업으로서의 활동 폭도 정해집니다. 자신들이 무엇을 해야 할지를 확실하게 인식시켜 주므로 새롭게 해야 할 일이 무엇인지도 보여줍니다.

나카가와 마사시치 상점이 전통 공예품 제조업체를 대상으로 컨설팅하기 시작한 것도 그 일환입니다. '일본 공예를 부흥시키자!'라는 대의를 보다 직접적인 행동으로 옮겼다는 것. 게다가 컨설팅 비용은 초저가로 말입니다(웃음).

농담처럼 말했습니다만 사실 이것은 굉장한 일입니다. 그만큼 결과에 책임을 졌다는 것이니까요.

컨설팅의 세계에서는 높은 컨설팅 수수료를 받더라도 결과에 책임지지 않는 경우가 매우 많습니다. 그것이 정말 컨설팅인 걸까, 하는 의문이 듭니다.

나카가와 씨도 같은 생각이어서, 컨설팅했던 제조업체

의 상품 매출에 따라 나카가와 마사시치 상점에 수익이 발생하는 구조를 도입했습니다. 제조업체의 실적 수치를 점검하면서 판촉이나 미디어 대응에 관한 조언을 해주었고, 컨설팅한 업체의 상품을 나카가와 마사시치 상점의 점포에서 판매하여 그 수익으로 컨설팅 수수료를 충당하도록 했습니다.

게다가 대의가 확실하면, 새로운 브랜드도 생겨납니다. 예를 들면 2011년에 발표한 '2&9'라는 양말 브랜드가 그런 경우입니다.

사실 나라는 일본 제일의 양말 생산지로 지금도 많은 중소기업이 양말 생산에 종사합니다. 그러나 요즘엔 해외에서 들어오는 상품에 밀려 계속 고전하고 있습니다.

이런 상황을 타개하여 나라의 양말 산업을 부흥시킬 순 없을까. 그렇게 생각하고 나카가와 씨는 나라의 양말 생산 중소업체를 묶어서 브랜드로 출범시켰습니다.

그런 활동이 집대성된 것 중 한 가지가 '다이닛폰이치大日本市'라는 전시회입니다.

나카가와 마사시치 상점은 원래 자사 브랜드만으로 신상품 전시회를 했었습니다만 2011년부터는 컨설팅한 제조업체의 상품도 선보이며, 일반 소매점이나 언론 관계자도 방문하는 열린 전시회로 만들어 '다이닛폰이치'라 이름 붙였습니다. 대형 컨벤션센터인 도쿄 빅사이트에서 매년 개최되는 국제 무역박람회 '인테리어 라이프 스타일'을 시작으로 여러 행사에도, 그 명칭으로 단체 특별 부스를 제공받아 출전하고 있습니다.

이런 시도의 대단한 점은 뭐니뭐니해도 작은 제조업체가 대형 박람회에 출전할 수 있다는 것입니다.

대형 박람회에는 수만 명이나 되는 바이어가 오기 때문에 분명 좋은 기회일수 있는데, 부스에 한계가 있어 일반적으로 전통공예 제조업체 한 곳이 단독으로 출전하기는 어렵습니다.

그러나 나카가와 마사시치 상점이라는 기업이 한데 묶어 통솔함으로써, 작은 기업도 출전할 수 있게 된 것입니다. '일본 공예를 부흥시키자!'를 실현하는 매우 훌륭한 구조입니다.

경영과 디자인의 거리는 가까울수록 좋다

여러 가지를 이야기했습니다만, 확실히 브랜드 이미지는 기업과 상품의 보이는 방식을 컨트롤하는 것으로 만들어집

121

나카가와 마사시치 상점 '2&9' 선물포장상자(위), 타이츠와 그 포장(아래)

나카가와 마사시치 상점 '다이닛폰이치'

니다.

그러나 그것은 단지 아름답거나 생김새가 멋져야만 좋다는 것은 아닙니다. 그 기업이나 사업의 목적을 완수할 수 있어야만 하는 것이고, 대의에 충실해야만 합니다. 그 목적과 대의를 정확히 반영하기 위해서도, 경영자와 브랜딩을 직접 다루는 크리에이티브 디렉터나 아트디렉터는 대등하게 이야기할 수 있는 관계인 것이 좋습니다. 또는 경영과 디자인의 거리감이 가까운 것이 좋습니다.

오늘 강의에서 거론된 나카가와 마사시치 상점은 그 균형 감각이 매우 뛰어납니다. 그것은 역시 나카가와 준이라는 경영자가 디자인과 크리에이티브에 깊은 이해를 가지고 있기 때문입니다.

이것이야말로 향후 기업과 경영자가 지녀야 할 이상적인 본연의 자세 중 한 가지라 해도 좋지 않을까요.

• 저자 관련 제작물 목록

P108-109　　나카가와 마사시치 상점 2008년 / 로고마크, 숍카드, 쇼핑백, 골판지 상자
　　　　　　CD · AD 미즈노 마나부 D good design company
　　　　　　PR 미즈노 유키코

P112-113　　나카가와 마사시치 상점 본사 사옥, 신사옥홍보모임 안내 2010년 / 디렉션, 간판, DM
　　　　　　CD · AD 미즈노 마나부 **사옥 설계** 요시무라 야스다카
　　　　　　D good design company PR 미즈노 유키코 PH(사옥 촬영)
　　　　　　아노 다이치(P113 오른쪽아래 이외)

P116-117　　나카가와 마사시치 상점 'motta' 2013년 / 로고, 패키지, 브랜드카드
　　　　　　CD · AD 미즈노 마나부 D 난바 안리
　　　　　　PR 미즈노 유키코 · 이노 우에 기쿠코

P122　　　　나카가와 마사시치 상점 '2&9' 2011년 / 로고, 패키지
　　　　　　CD · AD 미즈노 마나부 D 난바 안리
　　　　　　PR 미즈노 유키코 · 이노우에 기쿠코

제 4 강.

'팔리는 매력'을
찾는 방법

'어울리는 옷'을 입는다

브랜드란 '다움'이라는 것. 이 강의를 통해 지금까지 저는 몇 번이나 그렇게 말했습니다.

그렇다면, 그 '다움'이란 무엇일까요.

어떻게 찾아야 할까요. 또는 어떻게 활용하면 좋을까요.

마지막인 이번 강의는, 그런 '다움'에 관해 자세히 설명하는 것으로 시작할까 합니다.

지난 강의에서 나카가와 마사시치 상점 사례를 소개했습니다만, 사실 이 일을 시작하게 된 계기였던 나카가와 준 씨로부터의 편지 이야기를 하고, 그 후 만나 의뢰 내용을 여쭀던 "쇼핑백만으로는 부족하다고 생각합니다"를 말하면, 다음과 같이 반응하는 사람이 많습니다.

"다음으로는, 상품 디자인 자체도 바꾸는 게 좋다고 생각하지 않으십니까?"

요컨대 제가, 그들의 상품 디자인을 현대적이며 세련되고 아름다운 것으로 해야 한다고 생각했을 거라는 말이지요.

저는 이런 발상에, 브랜딩을 생각할 때의 함정이 있다고 생각합니다.

다시 말해 유행을 그대로 반영하거나, 어찌 되었든 현대적으로 아름답게 만들면 그것으로 좋은 것일까라는 것.

결론부터 말하면, 그런 방법으로 성공하는 경우도 있긴 하지만, 대부분은 잘 안 됩니다. 실제로 저도 나카가와 마사시치 상점의 상품을 현대적으로 세련되면서 아름답게 디자인할 생각은 없었습니다.

왜냐하면 브랜딩을 고민할 때 중요한 것은 '어울리는 옷을 입는다'이기 때문입니다.

사고방식이라는 것은 스타일리스트에 매우 가깝습니다. 예를 들면 어떤 사람이 "이미지를 높이고 싶다" "인상을 좋게 하고 싶다"고 생각한다면 어떤 옷을 입을까요?

당연한 이야기지만, 그 사람에게 어울리는 옷을 선택해 입겠지요. 아무리 유행하는 것이라 해도 어울리지 않는 옷을 입으면 소용이 없습니다.

기업 브랜딩도 이와 마찬가지입니다. 제가 나카가와 마사시치 상점의 상품을 현대적으로 아름답게 디자인하려 하지 않았던 것은, 그 역사나 본사가 위치한 나라라는 이미지를 고려하면 '어울리지 않는 옷을 입는 것'이 되기 때문입니다.

다시 말하면 기업의 '다움'과 맞지 않는 것이지요.

물론 어울리기만 한다면 현대적으로 세련되면서 아름다운 디자인으로 만들어도 좋습니다. 도쿄의 오모테산도에 유행의 첨단을 걷는 듯한 카페를 만들려 하는 것이라면, 그렇게 하는 게 좋겠지요.

그러나 단지 유행이라든지 단순한 호불호에 불과한 이유로 그렇게 한다면 잘못될 수 있습니다.

'다움'은 '안'에 있다

이것은 취직에도 통합니다.

예를 들면 취직 면접에서 "당신의 독특한 멋은 무엇입니까?"라는 질문을 받았을 때, 거짓말을 보태야만 바람직한 답변을 할 수 있다면, 그 기업은 당신에게 '어울리지 않을' 가능성이 있습니다.

그럼에도 불구하고 무리해서 취직하려는 건 피하는 편이 나으리라 생각합니다. '다움'에 어울리지 않기 때문이지요. 취직하더라도 결국엔 지쳐 그만두게 됩니다.

요컨대 '다움'은 자신 안에 있습니다. 유행하는 무엇이나 빌려온 아름다움으로 곱게 단장하여 만드는 것이 아닙니다.

물론 그것은 기업이나 상품에서도 마찬가지입니다. 기업이나 상품의 '다움'은 그 기업과 상품 자신 안에 있습니다.

문제는 그것을 어떻게 찾아내느냐인데, 좀더 구체적인

예로 생각해볼까요.

예를 들면 저는 올림픽 수영 금메달리스트인 기타지마 고스케 선수가 이사를 맡고 있는 도쿄도 수영협회의 캐릭터 디자인을 직접 만들기도 했습니다. 기타지마 고스케 선수라 하면 어떤 것이 떠오릅니까?

우선 떠오르는 것은 세계적인 수영 선수라는 것.

그리고 2004년 아테네 올림픽에서 금메달을 거머쥐며 했던 "완전 기분 좋아*"라는 말.

그다음 베이징 올림픽에서는, 역시 또 금메달을 획득하며 "아무 말도 못 하겠어**"라는 독특한 말을 남기기도 해서, 말의 힘이 매우 강한 운동선수라는 인상이 있습니다.

이외에 본가에서 정육점을 운영하는 것으로도 유명하지요. 그 정육점에선 커틀릿 종류를 직접 만들어 팔아 그 지역에서도 인기인데, 기타지마 선수도 본가 정육점에서 파는 멘치카츠를 매우 좋아한다고 인터뷰에서 말한 적도 있어 잘 알려져 있습니다.

---

* 남자 100m 평영에서 금메달을 받은 후 인터뷰에서 했던 말. 이 말은 일본에서 대유행하여 그해 유행어 대상(大賞)을 수상. 2010년도에는 '역대 인상에 남는 유행어' 3위에 선정.
** 남자 100m 평영 올림픽 금메달 2연패 후 긴장감, 책임감에서 해방된 후 울먹이며 했던 말. 이 말 역시 일본에서 대유행하여 그해 유행어 대상 후보에 오르기도 하였다.

이것들은 모두 기타지마 선수의 '다움'입니다. 그 사람만의 개성이 있는, 특유의 매력이라든가 독특한 멋. 분명 더 있겠지만, 바로 떠오르는 것만으로도 이 정도는 있습니다.

이 정도만으로도 '다움'이 손에 잡힌다면, 그것으로 '어울리는 옷'을 찾아 입을 수 있습니다.

만약 기타지마 선수가 음식점을 하고 싶어 한다면 "멘치카츠 전문점이 좋지 않을까요"라고 제안할 수 있고, 사업을 하려 한다면 "수영과 관계된 물품을 만들면 어떨까요"란 제안도 가능할 것입니다. 인상적인 말을 만들어냈던 사람이니 뭔가 말을 사용하는 방향도 있지 않을까요?

이렇게 생각해 나가다보면 기타지마 선수 나름의 개성과 매력, 독특한 멋을 잘 활용할 수 있습니다.

도쿄도 수영협회의 캐릭터 디자인을 직접 담당했을 때에도, 저는 비슷한 사고방식으로 모티프를 찾았습니다.

기타지마 선수는 협회의 간판 인물이기 때문에 캐릭터도 기타지마 선수의 이미지를 사용했는데, 이때 그것의 '다움'은 어디에 있을까를 고민해보니 말과 행동에서도 나타난 명랑하다거나 솔직하다거나 친근하다는 것이었습니다.

그것은 뭐니뭐니해도 평영으로 수영하는 모습이었지요.

그런 것들을 종합하여, 그때는 감히 직구로 승부를 걸어

개구리를 캐릭터로 정했습니다.

이런 접근 방식은 대상이 기업이어도 똑같습니다.

브랜딩에 몰두할 때에도 '다움', 요컨대 기업 나름의 개성이나 매력, 독특한 멋을 찾기 위해 그 기업이나 사업, 업계, 시장 상황 등을 철저하게 조사하는 것부터 시작합니다.

나중에 소개하겠습니다만 도쿄 미드타운의 경우는 왜 프로젝트를 시작했을까부터 시작해서 왜 롯폰기 지역일까, 롯폰기는 어떠한 역사를 지닌 곳일까, 어떠한 사람들이 있는 거리일까 등 관련된 사항을 가능한 한 모두 조사했습니다.

그중에 '반드시'라고 해도 좋을 만큼 '다움'의 단서가 있습니다.

'완성도'에 시간을 쏟는다

'다움'을 찾을 때의 포인트는 몇 가지 있습니다만 그중 하나는 너무 지나치게 생각하지 않는 것입니다.

제가 종종 말하는 것은, 여러 가지 조사를 한 후 '다움'을 찾을 때는 시간을 정해두고 하라는 것. 예를 들면 30분에 30개든 100개든 얼마라도 괜찮습니다만, 반드시 시간과 목표를 정해놓고 이미지를 찾으세요.

제가 있는 굿디자인컴퍼니에서는 대부분 30분에 30개를 목표로 합니다. 1분당 1개씩 생각하는 셈이어서 좀 어려우리라 생각할 수도 있지만, 그렇진 않습니다. 그 속도로 진행된다는 생각으로 하면 됩니다.

예를 들어 '일요일'의 '다움'을 꼽는다면, 어떤 것이 있을까요?

우선 생각나는 것은 '늦잠 자는 것'.

거기로부터 '월요일 준비'.

또는 '사자에 씨[●]······.

이 정도가 확 떠오르네요. 세 가지에 1분도 걸리지 않았으니. 이 정도면 좋습니다.

뭔가 기획을 고민할 때도 마찬가지입니다.

기획을 한다, 아이디어를 낸다고 하면서, 무심결에 오랫동안 생각에 잠겨버리는 경향이 있긴 하지만, 혼자 스스로 방안을 만들거나 팀에서 기획회의를 할 때는 이 정도로 가

● 평범한 전업주부 사자에 씨와 그 가족들의 이야기를 1969년부터 다루고 있는 일본 국민 애니메이션. 매주 일요일 저녁 방영한다.

벼운 것이 좋으며, 좌우간 많이 뽑아보는 것이 중요합니다.

가장 중요한 것은 모두가 들었을 때 바로 알 수 있는 것을 찾아내는 것입니다.

좀더 말하자면, 사람들 의식 속 비교적 얕은 곳에 있어, 어딘지 모르게 알고는 있지만 아직 주목받지 못한 것을 찾아내는 것입니다.

'일요일'의 이미지로, 아까 언급했던 세 가지를 듣고 "뭐래?"라고 반문하는 사람은 거의 없겠지요. '맥주' 이미지로 '거품' '황금색'을 말했더니 "어째서 그런 건데?"라고 이의를 제기하는 사람도 없을 것입니다.

이렇듯 첫번째 단계로, 의문이 들지 않을 만한 것을 많이 찾아내는 것이 중요합니다.

거기서 의문이 든다는 것은 받는 입장에서는 번쩍 하고 떠올리기 어렵다는 것이므로, "응, 그렇네요"라고 생각해줄 만한 것이 좋습니다.

그래서 30분에 한 가지를 찾아내는 사고방식도 부정할 순 없지만, 생각나는 대로 펑펑 뱉어내는 방식이 더 빠르게 답을 찾아갈 수 있다고 저는 생각합니다.

깊이 생각에 잠기지 말고 우선은 많이 찾아보세요.

그런 후 거기서부터 추리며 점점 좁혀갑니다. 좁혀갈 때는 아무래도 조금 시간이 걸릴지도 모르겠지만, 여기서도 가능한 한 빨리 결정합니다.

제가 생각하는, 시간이 가장 많이 걸리는 부분은 산출물의 완성도를 올리는 프로세스입니다.

예를 들면 로고 타입을 한 글자씩 정성껏 만든다든가, 포스터에 사용하는 파란색의 색조를 어떻게 할지라든가 하는, 그런 것에 시간을 들여야 합니다.

시간을 들여 굉장히 좋은 아이디어를 생각해내도 산출물의 완성도가 변변치 않으면, 애초에 상품으로 팔지 못하게 되거나 광고로 사람들의 시선을 잡아끌지 못할 수 있기 때문입니다.

이것은 제 추측입니다만, 분명 애플이라도 산출물을 완성하는 프로세스에 상당한 시간을 들였으리라 생각합니다. 그게 아니라면 저렇게까지 높은 완성도를 실현하는 건 불가능할 테니까요.

그러므로 여러분이 만약 경영자가 되거나 기업의 홍보나 광고 일을 맡게 되어, 크리에이티브 디렉터나 아트디렉터, 디자이너에게 일을 의뢰하게 된다면, 반드시 빠르게 기획 방침을 정해주세요.

이후 산출물의 완성도를 높이는 데 시간을 충분히 갖는

것이 진짜 효과적으로 일을 완성하는 것이기 때문입니다.

도쿄 미드타운의 '다움'

그러면 실제로 브랜딩을 할 때 어떤 식으로 '다움'을 발견하고 어떤 식으로 그것을 활용할지, 몇 가지 사례를 소개하겠습니다.

첫번째는 미쓰이 부동산이 추진한 롯폰기 구역의 상업시설 '도쿄 미드타운(이하 미드타운)'입니다.

미드타운에는 나카가와 마사시치 상점가나 테네리타, 구바라혼케의 '가야노야茅乃舍' 등 제가 브랜딩에 관여했던 기업도 몇 곳 있습니다만, 미드타운 자체의 브랜딩에도 참여하여 광고나 이벤트 제작, 시즌 캠페인의 콘셉트 제작 등을 담당하고 있습니다.

미드타운의 개업은 2007년입니다만, 제가 관여하게 된 것은 그다음 해인 2008년에 '도쿄 미드타운 디자인 터치Tokyo Midtown DESIGN TOUCH'라는 이벤트 광고를 담당했던 이후입니다. 맨 처음은 미드타운을 띄우기 위한 이벤트를 사람들에게 홍보해달라는 의뢰였는데, 거기서도 저는 우선 미드타운의 '다움'이 뭔지를 고민하는 것부터 시작했습니다.

젊은 여러분들이 기억하고 있을는지 모르겠지만, 2000년대 들어서부터 도심에는 거리나 구역을 활성화하기 위한 상업시설이 몇 군데 생겼습니다.

미드타운이 있는 롯폰기 구역에도 모리빌딩이 운영하는 '롯폰기 힐즈'가 2003년에 오픈하였고, 마루노우치 구역에는 대형 부동산 회사인 미쓰비시지쇼가 직접 세운 '마루빌딩(마루노우치 빌딩)'과 '신마루빌딩(신마루노우치 빌딩)'이 2002년과 2007년에 각각 오픈하였습니다.

그것들과 비교했을 때 미드타운의 '다움'은 어디에 있을까, 특유의 매력, 독특한 맛은 어떤 것일까.

여느 때처럼 여러 자료를 참고하면서 이미지를 점점 찾아가는 중에, 제 마음속에 떠올랐던 것은 대지 뒤편으로 널찍하게 있던 잔디밭 공간의 존재였습니다.

거기서부터 여러 가지를 더 조사해 보고서야 알게 된 것이지만, 뉴욕의 센트럴 파크, 런던의 하이드 파크 등 세계 주요 도시에는 대부분 커다란 공원이 있어, 교외로 나가지 않아도 도시 생활자들이 자유롭게 쉴 수 있었습니다.

그러나 일본의 도시에는 일정 규모 이상의 공원이 의외로 적습니다. 일본인은 여가를 즐기는 방법이 서툴다고 종종 이야기되는데 어쩌면 그것도 공원이 적은 것과 관계가 있지 않을까 하는 생각이 들었습니다.

그렇다면, 어째서 일본에는 공원이 적을까요.

애초에 그럴 땅이 없었기 때문 아닐까요. 혹은 공원 같은 공공의 장소에 모이기보다는 누군가의 집에 모이는 경우가 많았기 때문일지도 모르구요.

이것저것 두루 생각했었습니다만, 그때 제가 세운 가설은 일광욕할 필요가 없기 때문 아닐까였습니다.

뉴욕이나 런던은 도쿄보다 위도가 높은 곳에 있어 일조시간이 짧습니다. 그래서 귀중한 햇볕을 쬘 수 있을 때 쬐어두려고, 공원을 많이 만들어 일광욕하는 습관이 생겨난 게 아닐까요.

하지만 우리는 원래 일조시간이 충분하여 의식적으로 일광욕을 할 필요가 없습니다. 그 탓에 공원은 그다지 필요하지 않았고 공원에서 즐기는 문화가 뿌리내리지 못했던 것 아닐까, 이렇게 가설을 세웠습니다.

그렇다면 그런 일본에 어째서 이런 곳, 이런 공원이 몇몇 생기기 시작한 것일까요. 어째서라고 생각하세요?

이것은 분명 사람들이 천천히 서로 이야기를 나누거나 잠시라도 휴식을 취하거나 연인과 시간을 즐기거나 하는 장소로 공원을 찾기 시작했기 때문이라고 저는 생각했습니다.

도쿄 미드타운의 잔디광장

물론 다른 나라에서도 비슷한 것이 요구되고 있겠지만, 일본인에게는 특히 지금 그런 장소가 중요해지고 있는 것 아닐까요.

그렇다면 넓은 잔디광장을 만든 미드타운은 그런 사람들의 생각이나 기분을 매우 소중히 여기는 장소가 되는 것입니다.

도쿄에선 조례에 따라 건물 규모에 상응하는 녹지를 만들어야 하므로, 일정 규모의 건축물을 지으려면 나무를 심거나 잔디밭을 만들어야만 합니다.

그런데 미드타운의 녹지는, 정해진 녹지 조성 조건을 만족할 뿐 아니라 오히려 규정된 크기를 넘어섰습니다. 그 정도로 넓은 녹지를 만들기로 결정하고 실제 그것을 실현한 미드타운은, 그만큼 사람들이 살아갈 환경을 충분히 배려한 장소가 된 것입니다.

달리 말하면, 미드타운을 만든 미쓰이 부동산은, 도심에 커다란 건물을 세우고 커다란 장소를 만든다는 의미를 매우 소중히 여긴다는 것입니다.

도심에는 땅이 없다고 해서, 규제에 빠듯하도록 건물로 채우는 것이 아니라, 고층 빌딩을 세움으로 땅을 유효하게 활용하고, 그 주변으로는 사람들이 와~하고 달리거나 휴식

을 취하거나 일하거나 살아갈 수 있는 장소를 만든다. 이것
이 새로운 도시의 존재 방식, 인간 생활 방식의 모델이 되
고 있습니다.

결국 그 녹지, 잔디광장은 미드타운의 단순한 시설이 아
니라 미쓰이 부동산의 자세가 강하게 표출된 '다움'인 것입
니다.

도쿄 미드타운은 '좋은 사람'

조금 급하게 설명했습니다만 대체로 제가 브랜딩과 씨
름할 때는, 그런 식으로 여러 가지를 조사하면서 '다움'의
단서를 찾아 좁히고, 그다음엔 "왜 그럴까"를 골몰히 생각
하면서 그것을 검증합니다.

미드타운의 경우는 그렇게 도출된 것을 모아, 예를 들면
2010년에는 '도쿄 한복판에서 가장 기분좋은 장소가 되고
싶다'는 슬로건을 내걸고 '미드파크 프로젝트MIDPARK PROJ-
ECT 2010'이라는 캠페인을 벌이기도 했습니다.

도쿄 한복판에 있는 풍족한 녹지와 함께 하는 라이프 스
타일을 제안하면서, 당연히 미드타운의 '다움'을 전면에 내
세운 것입니다.

카피라이터인 히루타 미즈호가 만든 이 말은 그후 미드타운의 브랜딩을 고민할 때에도 굉장히 커다란 지침이 되었습니다.

포인트 중 한 가지는 '도쿄 한복판에서 가장 기분 좋은 장소가 되고 싶다'는 말의 끝부분인 '되고 싶다'입니다. 조금 애매한 표현이지만 실제 정말로 기분좋은 장소이기 때문에, 이론적으로 말하면 '기분좋은 장소다'로 단정해 말해도 좋을 것입니다.

그러나 그것은 좀 주장이 너무 강합니다. '되고 싶다'고 하는 편이 약간은 겸손하면서 좋은 사람 같은 느낌입니다.

이 '좋은 사람 같다'라는 부분도 매우 중요합니다.

광고를 포함한 기업 커뮤니케이션 제작을 거들 때 저는 반드시 '의인화'를 사용합니다. 기업이 만약 사람이라면 세상 사람들에게 어떤 사람으로 생각되는 것이 좋을까, 어떤 사람으로 보이고 싶은가를 상당히 초기 단계에서 고민합니다.

상업시설을 사람으로 인식해서 표현하는 방법도 여러 가지가 있습니다.

유행의 최첨단을 걷고 있어 굉장히 세련된 느낌의 시설이라면 '세련된 사람' 정도 되겠지요. 시설에 따라서는 '진실한 사람'이라든지 '매우 열심인 사람'도 있습니다.

미드타운의 경우는 녹지, 잔디광장으로 상징되는 '다움'을 고려하면, 그것은 '좋은 사람'입니다.

그래서 제가 직접 관여하는 미드타운 작업은 모두 "좋은 사람'임을 보여준다'를 주제로 진행하고 있습니다. 2017년 미드타운 개업 10주년을 맞아 2014년부터 직접 관여하고 있는 캠페인도 그렇습니다.

미드타운에서는 개업 당시부터 '재팬 밸류JAPAN VALUE'를 비전으로 내걸었고, 그 위에 구체적 활동은 'Diversity(다양성)' 'Hospitality(환대)' 'On the Green(푸름 속에서)'이라는 세 가지 콘셉트에 기초하고 있습니다.

제가 관여하기 전부터 결정되어 있었던 것이지만, 이것들은 대외적으로 명확히 내세우고 있는 이미지임과 동시에, 미드타운에서 일하는 사람들에게는 '지도'이기도 합니다. 뭔가 새로운 활동을 할 때도 '재팬 밸류이기 때문에 이렇게 합니다'라는 판단의 지침이 되는 것이지요.

미드타운으로서는 10주년이라는 분기점을 맞아, 이러한 이념과 생각을 안과 밖 모두에 더욱더 알리고자 했습니다.

그러나 정작 미드타운으로서의 커뮤니케이션을 고민하다보니, 슬로건을 어떻게 표현해야 할지 굉장히 조심스러웠습니다.

　국제화되고 있는 도쿄의 한복판에서 일본의 가치를 묻는다, 이런 것을 고려한다면 굳이 영어로 표현하는 전달 방법도 물론 가능합니다. 그러면 이곳은 국제적인 장소라는 이미지도 내포하게 될 것이고요.

　다만 조금 어딘가 부족하단 느낌입니다.

　예를 들면 콘셉트의 한가지인 'Diversity'는 요즘 자주 듣는 말입니다만 그것이 의미하는 바를 정확히 이해하는 사람이 얼마나 있을까요.

　게다가 이 말이 미드타운과 어떻게 연결되고 있는지, 미드타운에서 어떻게 실현되고 있는지도, 알리기 어렵습니다.

　'재팬 밸류' 즉 '일본의 가치'를 묻는 것이라면 스스로가 목표로 하는 것, 중요하게 여기는 것을 일본어로도 공유하는 편이 좋지 않을까요, 그편이 '좋은 사람'일 테고요…….

　그런 생각에서, 콘셉트를 일본어로 바꾸어 알리기로 했습니다.

　맨 처음은 방금 이야기했던 'Diversity'부터. 이것은 직역하면 '다양성'이지만 그대로는 잘 감이 오지 않습니다. 그래서 '버무리다和える'라는 말로 바꿨습니다.

　'버무리다'에는 어떤 것과 또다른 어떤 것을 아울러서 새

도쿄 미드타운 '미드파크 프로젝트 2010'

도쿄 미드타운 브랜드 광고 '아에루(버무리다)'

도쿄 미드타운 브랜드 광고 '야와라구(부드러워지다)'

로운 가치를 만들어낸다는 의미가 있습니다. 그것이 미드 타운이 목표로 하는 다양성이란 이미지인 것이지요.

2년째인 2015년엔 '부드러워지다和らぐ'. 이것은 'Hospitality'를 일본어로 바꾼 것입니다.

소위 광고 캠페인이지만, 이렇게 해서 '널리 알리는 것'도 필요합니다. 특히 여러분이 앞으로 창업을 하거나 기업 경영자가 되거나 기업의 중추 역할을 하게 될 것을 생각한다면, 광고라는 것을 정확히 이해해두어야 합니다.

자신이 무엇을 중요시하고 어디를 목표로 하는지를, 회사 내 직원들과 세상을 향해 널리 알려야만 할 때가 반드시 올 것이기 때문입니다.

우타다 히카루의 '다움'을 비추어내다

지금까지 도쿄 미드타운이라는 대형 상업시설에 관한 '다움'과, 그것을 시작점으로 한 브랜딩에 관해 설명했습니다.

그러나 '다움'은 특별히 큰 기업이나 조직에만 있는 것은 아닙니다. 앞에서 취직활동이나 기타지마 선수의 사례에서도 이야기했듯이, 개인도 지니고 있습니다.

최근엔 셀프 브랜딩이라는 좋은 방법도 종종 사용되고

있습니다만, 사회에서 개인적인 토대를 만들고 좋은 업무를 맡기 위해서는 이미 불가피한 방법으로 자리 잡고 있습니다.

그중 가장 두드러진 것은 배우와 아티스트입니다.

저는 그런 사람들과도 함께 일하는데, 당연히 그들의 '다움'도 중시하여, 소중히 다뤄지도록 합니다.

2010년에 우타다 히카루Utada Hikaru가 발표한 「우타다 히카루 싱글 콜렉션 VOL. 2」의 아트 디렉션을 맡았을 당시에도 또한 그랬습니다.

그 앨범은 우타다가 무기한으로 활동을 중지하기 전 마지막 앨범으로도 화제가 되었었지만, 사실 그때까지 그녀의 앨범이라 하면, 수록된 곡의 세계관을 바탕으로 제작하고 촬영한 비주얼을 사용했던 것이 매우 많았습니다.

그 비주얼의 분위기가 우타다 히카루라는 사람의 이미지를 대략적으로 만들어왔던 것이지요.

그러나 다음 앨범을 낸 후에 활동을 중지한다는 말을 듣고, 저는 그때까지의 우타다 히카루 모습을 단순히 이어가는 대신 앞으로 활동 중지에 들어가려는 그녀의 마음, 그녀의 '다움'을 어떻게 하면 그대로 비추어낼 수 있을지를 고민했습니다.

그래서 평상시의 그녀 그대로를 촬영하기로 했습니다.

사용한 의상은 전부 그녀 개인 옷이었지요. 따로 의상을 준비하지 않고, "자신을 촬영할 때 입고 싶은 옷들을 가져와주세요"라고 부탁해서, 옷도 신발도 자택에서 가져왔습니다. 몇 가지 패턴의 코디도 모두 본인에게 맡겼습니다.

헤어스타일도 마찬가지입니다. 헤어디자이너가 와 있긴 했지만, 우타다와 오랫동안 친분이 깊은 헤어 담당이 우타다다운 자연스러운 스타일로 마무리해주었습니다.

촬영 장소는 그녀의 근원이 되는 엄마의 고향, 이와테현. 그녀도 제작진도 모두 함께하며 대형 버스로 이동했고, 실제로 여행을 하면서 촬영을 진행했습니다.

이러한 것을 저는 편지를 써서 우타다 히카루에게 제안했습니다.

편지지에 썼던 건 아니지만, 편지처럼 기획서를 썼습니다.

원래 기획서 그 자체가 다소 편지와 비슷한 면이 있습니다.

왜냐하면 편지는 대부분 '잘 지내십니까?'로 상대를 문안하는 것으로 시작해서 마지막까지 상대방을 떠올리며 씁니다.

기획서도 그것은 동일합니다. 읽는 상대, 전하고 싶은 상대를 생각하면서 씁니다.

저는 이것이, 실은 기획서의 비법이라고 생각합니다.

그도 그럴 것이, 자신이 편지를 받는 사람이라면, 보내는 사람이 하고 싶은 말만 쓴 것은 읽고 싶지 않겠죠? 읽고 싶어지는 것은 역시 자신을 떠올리면서 자신을 위하는 생각으로 쓴 글입니다.

그래서 저는 평소에도 기획서에는 우선, 상대방이 이것을 듣고 싶을까, 이것을 말해주길 바랄까를 생각하며 그렇게 쓰고자 노력합니다.

우타다 히카루에게 제안할 때에는 특히 그것을 신경 썼습니다. 정말로 편지를 쓰는 것처럼, 기획서의 맨 앞부분에는 '별을 보러 갈까요'라고 적었습니다.

어째서 별을 보러 가자고 권했을까요, '우타다 히카루'라는 이름이 '우주'이고 '별'이지 않을까 생각했기 때문입니다.

우타다宇多田의 '우'는 우주의 '우宇'이고 '히카루ヒカル'는 '빛光'. 우주의 빛, 원시적인 빛이란 무엇일까를 생각하면 그것은 '별의 빛' 아닐까요.

단순한 것이지만 그렇게 써서 제안했더니 "어째서, 지금까지 그런 식으로 생각하지 못했을까요"라며 기뻐했습니다.

그렇게 해서 그녀의 근원과 '다움'을 소중히 반영한 것이, 별이 총총한 하늘 사진을 사용한 앨범 재킷입니다. 광

우타다 히카루 「우타다 히카루 싱글 컬렉션 VOL. 2」 제품(왼쪽 아래)과 광고(나머지)

우타다 히카루 「우타다 히카루 싱글 컬렉션 VOL. 2」 포스터

고에는 여행을 하는 듯한 우타다 히카루의 사진도 사용했습니다.

우타다 히카루에게 제가 썼던 편지 같은 기획서는 이 강의에서도 이미 언급했던 '지도'의 공유이기도 했습니다.

함께 향해 나아갈 곳의 이미지를, 이때에는 기획서로 공유해 나누어 가졌던 것이지요.

궁극의 프레젠테이션은 프레젠테이션이 필요 없는 것

모처럼 기획서 얘기가 나왔으니, 실제 사용했던 기획서를 기반으로 프레젠테이션에 관해 좀더 상세히 설명하겠습니다.

보여 드릴 것은 제가 2012년부터 브랜딩에 관여하고 있는 구바라혼케의 브랜드 '가야노야'의 심벌마크를 제안했던 내용입니다.

요리에 흥미가 있는 사람이라면 알리라 생각됩니다만, 구바라혼케는 화학조미료와 보존료를 사용하지 않은 '가야노야 다시(육수)'로 유명한 '가야노야'나, 고품질의 명란젓을 제조하여 판매하는 '쇼보안' 등 하카타풍의 맛과 자연을 소중히 여기는 조미료와 식품을 만들어 파는 기업입니다.

본사는 후쿠오카현에 있으며 창업은 메이지 26년. 서기로 말하면 1893년입니다. 원래는 간장을 전문으로 만드는 회사였습니다만, 1980년대부터는 그때까지 간장 양조로 길러온 식견을 활용하여 양념장과 수프, 명란젓 제조에도 매진하고 있습니다.

그러던 중, 구바라혼케는 제철 식재료를 소중히 여기고 식문화를 후세에 전하고자, 2005년에 자연식을 고집한 '레스토랑 가야노야'를 개점하였고, '가야노야 다시' 등의 상품 통신판매도 시작했습니다. '가야노야'는 그렇게 해서 생긴 브랜드입니다.

지금은 전국적으로 큰 인기인 '가야노야 다시'도 처음엔 통신판매와 본점에서만 취급했을 뿐이었지요. 그랬더니 진품을 향한 집념이 통했는지 입소문이 나며 전국 백화점과 상업시설에서 입점해 달라는 요청이 줄을 이었습니다. 게다가 다른 브랜드의 실적도 순조로워, 매출이 점점 증가하더니 2014년에는 구바라혼케 그룹의 연 매출이 130억 엔을 넘어섰습니다.

그러나 급격히 성장한 탓에 브랜드 사업 내용이 제각각으로 복잡해지고 조금 얽히기도 했습니다. 그것을 한번 정리하여 각 브랜드의 역할을 명확히 하고 브랜드파워를 보다 공고히 하려고, 제가 참여하게 된 것입니다.

브랜드 정리를 고민하며 제일 먼저 제가 했던 일은, 당연한 것이지만 여러 브랜드에 관한 조사였습니다. 구바라혼케의 시설과 점포를 돌아보았고, 상품을 사용해보기도 하였으며, 항상 그러했듯이 관계된 여러 자료와 문헌을 탐독하였습니다.

가와베 데쓰지 사장과 직원 여러분들로부터 몇 번이고 상세한 이야기를 들었으며, 반대로 제 편에서 느꼈던 것과 생각한 것을 털어놓으며 토론도 여러 번 했습니다. 이런 작업에 10개월 정도의 시간이 걸렸습니다.

그러는 사이, 각각의 브랜드가 어떤 콘셉트의 어떤 브랜드가 되어야 할까, 어떤 방향으로 보이는 방식의 목표를 잡을 것인가 등 여러 가지를 고민하며, 떠오르는 생각 모두를 검증하였습니다. 이렇게 해서 다다른 결론 중의 한 가지가, 2013년 6월에 프레젠테이션했던, 지금부터 보여줄 가야노야 기획서입니다.

그리고 미리 말해두면, 이 기획서에서는 소위 '이전 단계' 부분에 관해선 그다지 자세하게 다루지 않았습니다. 보통의 프레젠테이션이라면 그 브랜드의 '다움'은 어디에 있을까…… 등 제안의 기초가 되는 전제에 관해 제가 생각했던 것을 단계별로 설명하겠지만, 이 부분에 대해서는 이미 10개월의 기간 동안 클라이언트와 나누었던 토론 등을 통해 공유할 수 있었습니다.

의미 있는, 이상에 가까운 프로세스라 말해도 좋지 않을까요. 궁극의 프레젠테이션은 프레젠테이션이 필요 없는 것이라고 저는 생각합니다. 한정된 시간 내에서 서로를 떠보려고 이야기하기보다는, 몇 번이라도 이마를 맞대고 서로 토론하며 진행하는 편이 서로에게 분명 플러스가 될 것이기 때문입니다.

다만 이를 위해서는 아무래도 시간이 필요합니다.

때때로 젊은 사람들로부터 "제안의 장점을 의뢰고객이 몰라줍니다"란 상담을 받지만, 이런 상황에서도 밀어붙이거나 바로 결론을 내리려 하지 말고 좀더 시간을 두고 서로 대화를 나누는 편이 나을지도 모릅니다. 물론 대화하고 의사소통하며 서로를 이해하는 것이 무엇보다 중요합니다.

옳다고 생각하는 것만큼 신중하게 전달한다

이 '가야노야'의 프레젠테이션도 그런 프로세스를 거쳤다는 것에 입각해서, 순서대로 기획서를 봅시다.

첫번째 장은 표지. 그것을 넘기면, 두번째 장부터 다섯
번째 장에 걸쳐 아래와 같이 이어집니다.

요전에는 죄송했습니다.

이제 괜찮습니다.

그런데 종종 병에 걸려봐야 할 거 같아요.

병상에서 좋은 생각이 떠올랐습니다.

조금 부끄러운 말입니다만, 이 프레젠테이션을 하기 한
달 전쯤에, 저는 몸 상태가 나빠져 1주일 정도 입원하게 되
어, 협의 일정을 취소하고 말았습니다. 클라이언트분들께
도 누를 끼치게 되어, 그 사죄의 말부터 한 것입니다.

그러나 병원에서도 머리는 쓸 수 있었고 움직이지만 못
할 뿐이어서 도리어 여러 가지를 생각할 수 있었습니다. 이
런저런 생각을 하는 중에 그때까지 조사해왔던 것들이 제
안에서 단숨에 정리되었습니다. 거기에서 추가로 검증도
하고 준비도 하면서 이 제안에 다다랐음을 쓴 부분입니다.

이어진 여섯번째 장부터가 사실상의 본론입니다.

제안

마크를 만들지 않겠습니까.

사실 이때, 클라이언트로부터 '새로운 마크를 만들고 싶다'는 의뢰를 받은 것은 없었습니다. 그뿐만 아니라 이날은 원래 협의만 하기로 했지 프레젠테이션을 하는 것은 예정에도 없었습니다. 요컨대 이 제안은 제가 멋대로, 새로운 마크를 만드는 게 낫지 않을까 싶어 자발적으로 했던 것이었습니다.

왜냐하면 10개월 동안 몇 번이나 만나 협의하면서 여러 가지를 알면 알수록 저는 점점 구바라혼케가 좋아졌습니다. 좀더 잘 만들려는 성실한 자세도, 고객을 향한 정성과 겸손함도, 방심하지 않고 계속 노력하려는 기업의 풍토도, 모두 존경스러웠으며, 게다가 모든 제품이 정말로 맛있습니다. 가와베 사장을 비롯한 직원 모두도 전부 매력적인 분들이라 인품으로도 홀딱 반해버렸습니다.

이러면 저의 오지랖이 나와버리고 맙니다.

구바라혼케라는 기업은 지금 그대로도 굉장하지만 더욱더 굉장하게 되리란 생각이 드는데, 아직 알려지지 않은 매력을 세상에 전하려면 어떻게 해야 좋을까…… 그런 생각

가야노야
제안

요전에는 죄송했습니다.

이제 괜찮습니다.

그런데 종종 병에 걸려봐야 할 거 같아요.

병상에서 좋은 생각이 떠올랐습니다.

제안

마크를 만들지 않겠습니까.

마크

이 머리 한쪽에서 끊임없이 맴돌았습니다. 좀 전에도 이야기했듯이 입원실 침대 위에서 뜻하지 않게 시간이 생겼을 때도, 계속 생각했던 것은 그런 것이었습니다.

그중에서도 특히 가야노야는 그 당시 브랜드로서의 외관은 소박하고 조신하지만, 확실히 진품에 고집을 담은 성실함은 잘 전수되고 있다고 생각했습니다.

그러나 무엇보다 가야노야의 가장 훌륭한 점은, 맛을 포함한 상품의 높은 질에 있다고 저는 느꼈습니다. 화학조미료나 보존료가 첨가되지 않았을 뿐 아니라 상품 자체가 굉장히 맛있고, 그래서 재구매도 점점 증가하고 있는 상황이었습니다.

그런 높은 품질, 훌륭한 맛을 세상에 더욱 알리고 싶다. 그러려면 마크나 디자인의 수준을 한 단계 올리고 한층 더 세련된 방향으로 가져간다면 좋을 것이다……. 그런 생각에서, 퇴원 후 디자인을 만들고 여느 때처럼 여러 방향성을 검토해 준비한 것이, 자발적으로 만든 이 프레젠테이션이었습니다.

가와베 사장을 비롯해, 동석한 모두가 분명 갑작스러운 제안에 깜짝 놀랐을 것입니다. 그러나 제 제안을 이해해주셨는지 바로 진지하게 귀를 기울여 주셨습니다만…….

마크

마크에는 크게 두 종류가 있습니다. A. 로고마크 B. 심벌마크

로고마크는 회사명 등 문자(로고 타입), 또는 문자를 마크화한 것을 지칭합니다.

심벌마크는 장식된 그림이나 별, 동물 등 문자 이외의 마크를 지칭합니다. 둘 다 기업이나 브랜드 등의 상징으로 사용됩니다.

다음의 여덟번째 장부터는, 그 마크란 도대체 무엇인가를 확인해 알려주는 내용입니다.

'마크'라는 말은 일상에서도 사용합니다만 디자인의 맥락에서 이야기할 때는 전문용어입니다. 전문용어로 언급할 때는 특히 주의가 필요합니다. 왜냐하면 클라이언트는 사업이나 경영의 전문가지만 디자인 전문가는 아니기 때문이죠.

뭔가 의미를 아는 듯한 말이어도, 제안하는 측과 항상 같은 의미로 받아들이는 것은 아니어서, 그래서 뉘앙스가 달라진다면, 전하려는 바가 정확히 전달되지 않을 가능성도 있습니다. 그래서 키워드가 되는 용어나 단어는 명확히 확인해두어야 합니다.

실제 여기서 사용하는 '마크'라는 말에 대해서도, '로고마크'와 '심벌마크'의 차이를 명확히 이해하지 못 하는 사

람이 디자이너 중에도 제법 있습니다.

기획서에도 있듯이 로고마크는 '문자' 즉 '로고타입'이 들어간 마크입니다. 소니나 파나소닉, 후지쓰 등의 기업 마크가 전형적인 사례입니다. 그 외에도 제가 작업에 참여했던 사례로는 NTT도코모의 'iD'가 그런 경우입니다.

한편 심벌마크라는 것은 그림이나 기호만으로 이루어진 마크입니다. 악기 조음에 사용하는 소리굽쇠 3개를 합친 야마하의 마크 등이 이해하기 쉬운 사례입니다.

가야노야의 경우는 어땠는지를 말하면, 그때까지는 '가야노야'라는 로고마크와 함께 집 모양의 그림이 심벌마크로 사용되고 있었습니다.

다만 업태가 바뀌고 사업 규모가 커지는 와중에 앞으로 브랜드를 어떻게 가져가야 좋을지를 생각하니, 기존의 심벌마크로는 가야노야가 지니고 있는 진짜배기를 엄선하는 고집이나 높은 뜻을 전달하기 어려울 것이란 생각이 들었습니다.

그래서 '가야노야에 있는 지금까지의 심벌마크'로 지금까지의 심벌마크를 보여주면서,

지금까지의 업태와 규모로는 이것으로 좋았다고 생각합니다

마크에는 크게 두 종류가 있습니다.
A. 로고마크
B. 심벌마크

로고마크는 회사명 등
문자(로고타입),
또는 문자를 마크화
한 것을 지칭합니다

심벌마크는 장식된
그림이나 별, 동물 등
문자 이외의 마크를 지칭합니다.
둘 다 기업이나 브랜드 등의
상징으로 사용됩니다.

가야노아에 있는
지금까지의 심벌마크

앞으로의 가야노야 발전 수준을 생각한다면 좀 더 고품질의 마크가 좋을지도 모릅니다.

라고 마크 변경의 필요성에 관해 이야기했습니다.

단, 이런 변경안을 다룰 때는 설명 방식에 특히 주의를 기울여야 합니다. 잘못 말했다가는 상대방을 부정하는 것처럼 들리기 때문입니다.

행여 이야기한 내용이 의심의 여지가 없을 만큼 옳은 주장이었어도, 옳다고 생각해서 난폭하게 말을 내뱉으면 안 됩니다. 오히려 옳다고 생각한 만큼 신중하게 전달해야 합니다.

아무리 옳은 의견이라도, 만약 상대방이 '부정당했다'고 느낀다면 기분 나빠하며 귀를 기울이려 하지 않게 됩니다. 그렇게 되지 않기 위해 충분히 조심해서 말해야 합니다.

노파심에서 말해두는데, 이것은 귀에 거슬리는 말을 좋은 말투로 바꿔 상대방을 잘 구슬리라는 의미가 아닙니다. 어디까지나 깍듯이 배려해서 불필요한 오해를 피하라는 것입니다.

그러기 위해 중요한 것은 상대방의 좋은 점이나 옳다고 생각하는 점을 우선 확실히 언급하는 것입니다. 이 경우에

13

지금까지의 업태와 규모로는
이것으로 좋았다고 생각합니다.

14

앞으로의 가야노야
발전 수준을 생각한다면
좀더 고품질의 마크가
좋을지도 모릅니다.

15

생각해봤습니다.

16

구바라혼케의 중심에서 맥맥이
흐르고 있는 철학

진품

그러기에 무첨가이고
그러기에 무향료입니다.

앞으로,
더욱 정직하게 더욱 진짜배기를
가능한 저렴하게
가능한 간편하게
제공하고자 합니다.

선, '지금까지의 업태와 규모로는 이것으로 좋았다'가 그런 부분입니다만, 그것을 공유했기 때문에 '더욱 좋아지도록 바꿔보세요'란 말에 귀를 기울이게 할 수 있었습니다.

브랜딩은 역시 보이는 방식의 컨트롤

다음으로, 새로운 심벌마크에 대한 고찰을 다룹니다.

우선 열여섯번째 장부터 스무번째 장까지는, 기반 기업인 구바라혼케의 사상, 이념에 관한 확인입니다.

생각해봤습니다.

구바라혼케의 중심에서 맥맥이 흐르고 있는 철학

진품

그러기에 무첨가이고 그러기에 무향료입니다.

앞으로, 더욱 정직하게 더욱 진짜배기를 가능한 저렴하게 가능한 간편하게 제공하고자 합니다.

그리고 스물한번째 장부터는, 그 사상, 이념에 덧붙여 올릴 마크에 담긴 의미의 설명입니다.

본 주제

8년 전 9월 2일에 가야노야 본점이 오픈했습니다.

사장은 그 당시 일을 기쁜 듯이 이야기해 주었습니다.

오픈하기까지 힘들었습니다.

가까스로 오픈한 그 날, 밤이 되자 마침 그 산간으로 보름달이
떠올랐습니다.

매우 기뻤을 것입니다.

　이것은 실제로 제가 구바라혼케의 가와베 사장에게서
직접 들은 이야기입니다.

　그 지방 식재료를 고수하고 식문화를 후세에 전하고 싶
다는 높은 뜻을 지니고, 2005년 9월 2일에 레스토랑 가야노
야를 오픈하였고, 바로 그날 밤에 보름달이 떴던 것입니다.

　옛날로 치면 상서롭다고 말할지도 모르겠습니다만, 가와
베 사장도 그 우발적 현상을 매우 중요하게 생각하며 뭔가
운명적인 것을 느끼고 계시는 듯했습니다. 그런 사장의 생
각과 가치관, 더 나아가 '다움'을 상징하는 '달'.

　그리고 스물여섯번째 장부터는 가야노야의 위치에 주목
하여 한 가지 더 상징적인 존재에 대해 지적했습니다.

본 주제

8년 전 9월 2일에 가야노야 본점이
오픈했습니다.

사장은 그 당시 일을 기쁜 듯이
이야기해 주었습니다.

오픈하기까지 힘들었습니다.
가까스로 오픈한 그 날,
밤이 되자 마침 그 산간으로
보름달이 떠올랐습니다.

가야노야와 구바라 본사 사이에는 신사가 있습니다.

이노텐쇼코타이伊野天照皇大 신궁*

무엇이 모셔져 있는지 알고 계십니까?

이세 신궁과 같은, 아마테라스 오오미카미를 모시고 있습니다.

구바라혼케의 본사와 레스토랑 가야노야는 직선거리로 2킬로미터도 채 떨어져 있지 않지만, 딱 그 한가운데쯤에 이노텐쇼코타이 신궁이라는 '규슈의 이세伊勢**'로도 불리는 유서 깊은 신사가 있습니다.

그곳에서 제사 지내는 대상은, 일본 고대 역사서인 서기書紀나 고사기古事記에 '아모노이와토天の岩戸***'에 숨어 세상을 어둠에 잠기게 만들었다는 이야기가 쓰여 있는 아마테라스 오오미카미. 이세 신궁의 내궁에서도 제사 지내고 있는, 태양을 관장하는 신입니다.

말하자면 가야노야는 태양을 관장하는 신이 지키는 땅

---

* 격이 높은 큰 신사로, 대개는 제신祭神이 황제의 조상이거나 천황이다.
** 이세는 관서지방의 작은 도시지만, 일본 황실의 조상이라는 태양신 아마테라스가 모셔진 신궁이 있다. 이세 신궁의 참배객은 연간 1천만 명에 이른다.
*** 태양신 아마테라스가 남동생의 괴롭힘을 피해 숨었다는 동굴의 문. 일본 신화에 의하면, 아마테라스가 동굴로 숨어 세상이 어둠에 휩싸이게 되자 다른 신들이 음식을 먹고 노래하고 춤을 추며 아마테라스의 호기심을 자극해 동굴 밖으로 나오게 했다고 한다.

에서 태어났습니다. 그것을 지적한 것입니다. 가야노야에게 '태양'은 지리적이며 지역적인 '다움'을 상징하는 셈이지요. 그 내용을 이어가며 서른번째 장부터는.

달과 태양
가야노야는 놀랍게도, 달과 태양이 지키고 있는 것입니다.
상황이 너무 좋다는 생각입니다. 웃음

앞서도 얘기했듯이, 구바라혼케에는 '진품'을 향한 고집이 맥맥이 이어지고 있고, 그 사상과 이념을 기반으로 가야노야라는 브랜드에선 자연을 소중히 하고 지역 문화를 존중하는 사업을 전개하고 있습니다. 가와베 사장의 보름달 에피소드는 확실히 자연을 소중히 여기는 하나의 발로이기도 하고, 이노텐쇼코타이 신궁의 존재는 지역 문화의 상징입니다.

이러한 의미로 '달과 태양'에 주목해보자고 제안한 것입니다.

그래서 서른두번째 장에 '상황이 너무 좋다는 생각입니다'라고 적었습니다만, 그다지 무리해서 억지를 부린 것도 아닙니다. 가와베 사장 자신도 무엇보다 자연을 소중히 여

매우 기뻤을 것입니다.

가야노야와 구바라 본사 사이에는
신사가 있습니다.

이노텐쇼코타이 신궁

무엇이 모셔져 있는지 알고 계십니까?

이세 신궁과 같은,
아마테라스 오오미카미를 모시고 있습니다.

달과 태양

가야노야는 놀랍게도,
달과 태양이 지키고 있는 것입니다.

상황이 너무 좋다는 생각입니다. 웃음

기고 지역 문화를 존중하는 사람이기 때문에, 제가 여기에 적은 '달과 태양이 지키고 있다'라는 말로도 틀림없이 감이 왔으리라 생각합니다.

하지만 저 같은 사람이 '지키고 있다'고 말하는 것은 썩 어울리지 않는다고나 할까, 좀 멋쩍기도 하고……. 그래서 이런 '추임새'를 넣어, 그 자리의 분위기를 환기해 봤습니다.

이런 생각을 바탕으로, 서른네번째 장에서 드디어 새로운 심벌마크를 제안했습니다.

그다음 장부터는 실제로 이 마크를 사용할 경우의 활용 사례를 이미지로 보여주고 있습니다. 종이봉투에 넣으면 이렇게, 부채에 넣으면 이렇게 된다와 같은 것들 말입니다.

여기에 있는 활용 사례는, 실제로 그때까지 사용하던 기구나 설비에 적용한 것만은 아닙니다.

예를 들면 구바라혼케는 간장창고에서 시작했기 때문에, 앞치마가 있어도 좋지 않을까, 점포에는 커다란 현수막이나 등불을 달아도 좋지 않을까 등 "이런 것들도 만들면 좋을 거야"란 생각이 드는 도구나 외관에 대한 제안도 포함시켰습니다.

왜냐하면 적절한 마크를 만드는 것도 물론 중요합니다만, 그것을 어떤 식으로 사용할까도 매우 중요하기 때문이죠. 첫 강의에서 브랜드란, 강가의 자갈밭에서 돌을 쌓아 올리듯 만들어지는 것이라는 이야기를 했었고, 제가 나카가와 마사시치 상점의 골판지 상자를 디자인한 이야기도 했습니다만, 브랜딩은 역시 모든 보이는 방식의 컨트롤인 것입니다.

모처럼 '다움'을 상징하는 마크를 만들더라도 사용 방법이 잘못되면 브랜드는 멋진 형태로 만들어지지 못합니다. 이 활용 사례를 통해 그런 부분의 방향성 등도 보여주며 공유하고자 했습니다.

그리고 마흔세번째 장부터는 이 마크로 표현한 것에 대해 다시 정리했습니다.

이 마크는 다양한 사물의 형상을 표현하고 있습니다.

달과 태양

일식

아마테라스 오오미카미가 천상의 동굴로 숨었다는 이야기는 일설에 따르면 일식이 아니었을까 라고도 전해집니다.

숨어버린 아마테라스 오오미카미를 나오게 하려고 맛있는 음식과 음악과 춤을 추었다고 합니다.

이세 신궁의 외궁은 음식을 모시는 신입니다.

결론

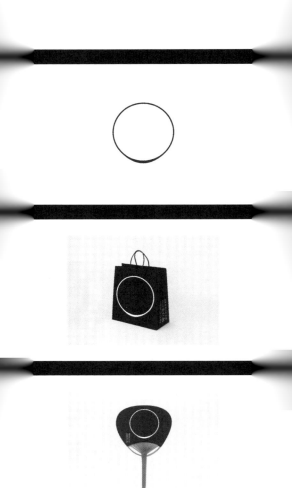

이 마크는 다양한 사물의 형상을
표현하고 있습니다.

달과 태양

일식

아마테라스 오오미카미가 천상의 동굴로
숨었다는 이야기는
일설에 따르면 일식이
아니었을까 라고도 전해집니다.

숨어버린 아마테라스 오오미카미를
나오게 하려고
맛있는 음식과 음악과 춤을
추었다고 합니다.

이세 신궁의 외궁은
음식을 모시는 신입니다.

'달과 태양'은 이미 언급했습니다만, 그것 외에도 이 마크에는 여러 의미가 들어 있습니다. 그중 한 가지가 '일식'입니다. 그것을 이야기로 묘사했다고 전해지는 것이 '아마테라스 오오미카미가 천상의 동굴로 숨었다'는 설화입니다.

아까도 잠깐 설명했습니다만, 아마테라스 오오미카미를 천상의 동굴에서 나오게 하려고 다른 신들은 맛있는 음식을 먹고 노래를 하며 춤을 추었다고 합니다.

또 이세 신궁에는 내궁의 아마테라스 오오미카미뿐 아니라, 음식을 관장하는 도요우케 오오미카미豊受大神가 외궁의 신으로 모셔져 있습니다.

이렇듯 이 마크에는 음식과의 관계성이 들어 있습니다.

한 가지 더

선禪의 세계에서 말하는……

원형 고리

원형 고리란 ①둥근 모양, 원형 ②선에서 깨달음의 상징으로 묘사하는 원형 고리 ③만다라의 여러 부처 몸체를 둘러싼 원 고리 ④(교고산京五山 스님의 말) 돈 1칸몬貫文을 지칭. (고지엔 일본어 사전 제6판 p336)

세계를 표현합니다.

덧붙여 이 마크를 원형으로 인식하여, 더욱 특별한 것으로도 표현합니다. 그것을, 선禪의 언어를 사용하여 설명하는데, 마흔아홉번째 장부터입니다.

선에서 원형은 깨달음을 의미하며 조화가 유지되는 세계를 나타낸다고 전해집니다. 참선 중인 승려는 자신의 깨달음을 표현하기 위해 한 번의 붓질로 단번에 원을 그린다고 하며, 교토의 절 등에 가보면 알겠지만 그곳으로부터 이상향을 바라본다는 의미로 원형의 창문을 서원에 설치하기도 합니다.

이야기가 커졌습니다만, 이 마크는 그런 '세계'도 표현합니다. 그리고 쉰네번째 장부터 쉰여섯번째 장까지는.

마지막으로
간장(육수)

마지막으로 마크에 표현한 시즐의 설명입니다. 원형임을 계속 반복해서 말했습니다만, 잘 들여다보면 사실 이 마크는 일반적인 원형이 아닙니다. 아랫부분을 아주 조금 볼록

한 가지 더

선(禪)의 세계에서 말하는……

원형 고리

원형고리란
① 둥근 모양. 원형.
② 선에서 깨달음의 상징으로 묘사하는 원형 고리.
③ 만다라의 여러 부처 몸체를 둘러싼 원 고리.
④ (교고산 스님의 말) 돈 1칸몬(貫文)을 지칭.
　　(고지엔 제6판 p336)

세계를 표현합니다.

마지막으로

간장
(육수)

하게 부풀렸습니다.

액체가 늘어져 있는 이미지입니다. 간장이라든지 육수라든지 그런 것들을 나타내며 가야노야만의 시즐(기업이나 상품 등의 매력 또는 가치)을 표현하고 있습니다. 말하자면 이 마크의 '의미' 부분인데 그것을 마지막으로 이야기하며 프레젠테이션을 마쳤습니다.

사장을 비롯한 클라이언트 여러분의 반응이라고 하면……, 처음에 이야기했듯이, 예고도 없이 갑자기 새로운 마크를 제안했음에도 불구하고 긍정적으로 받아들이신 듯했습니다. 게다가 더욱 놀랍게도 그 자리에서 이 마크의 채용을 결정하기까지 했습니다.

그후 새로운 마크는 활용 방법과 세심한 색의 검증, 인쇄 기법 검토 등의 조정을 거듭하며, 프레젠테이션한 지 8개월 후에는 포장지와 종이봉투에 인쇄되어 점포에 진열되었습니다.

알고 싶은 것은 데이터를 모은 이후의 것

기획서는 전부 56장. 장수만 들으면 많은 것을 이야기하려나보다고 생각할 수 있습니다.

그러나 실제로는 한 장에 '본 주제'란 말만 달랑 쓰여 있기도 해서, 정리하고자 하면 A4 사이즈 문서 4~5매에 다 들어갈 정도입니다. 소위 그림을 한 장씩 넘기며 이야기하는 그림연극 방식으로, 시간으로는 10분이면 이야기할 정도입니다.

물론 이것은 어디까지나 제 나름의 방식인 것이고, 광고 회사가 프레젠테이션으로 사용하는 기획서라면 같은 정도의 매수로도 더 많은 여러 가지 것들이 적혀 있거나 다양한 정보로 가득 차 있기도 합니다.

그렇다면 그런 기획서에는 어떤 것들이 들어 있을까요. 거기에는 데이터가 실려 있습니다. '이런 조사 데이터가 있다, 그래서 이러하다'를 보여주는 설득 재료인 것이지요.

그러나 저는 기획서에 데이터를 넣지 않습니다. 데이터에 관해서는 제게서 듣지 않아도 클라이언트 쪽이 잘 알고 있으리라 생각하기 때문입니다. 프레젠테이션에서 알고 싶은 것은 틀림없이 데이터를 모은 그 이후의 것입니다.

만약 굿디자인컴퍼니의 로고마크를 만들고자 디자이너에게 의뢰하더라도 이미지에 관한 시장조사를 한다면 '이렇게 되어 있습니다'를 말해줄 데이터는 아마 누가 조사하더라도 대부분 같은 결과일 것입니다.

혹시 특유의 날카로운 시각으로 조사한다면 조금은 다른 결과가 나올 수도 있겠지만, 그래도 의뢰인의 입장으로서 듣고 싶은 것은 "그러면, 거기로부터 어떻게 생각하면 좋을지요?"라는 것입니다.

그래서 기획서는 매우 단순한 것이 좋다고 생각합니다. 자신이 생각한 것을 신중하게 써서 전달한다면 좋은 것이지요.

그런 의미에서는, 제가 했던 것 같은 그림연극 식의 프레젠테이션도 나쁘진 않고, 오히려 효율적이지 않을까 생각합니다.

저는 프레젠테이션 무대에서는 생각했던 것을 담담히 전합니다. 앞서의 우타다 히카루와 했던 일의 경우는 기획서를 전달하여 읽어 달라고 했었지만, 대면해서 프레젠테이션을 할 경우엔 기획서에 쓰인 글을 읽으면서 말을 걸어가며 진행합니다.

마크 제안을 보여줄 때도, 브랜딩 방침에 관해 이야기할 때도, 기본은 같습니다. 상대방에게 어쩌면 이해되지 않는 부분이나 좀더 이런 방향으로 갔으면 좋겠다는 바람이 있을 수도 있으므로 항상 "반드시 의견을 주시기 바랍니다"라는 대화를 요청하는 자세를 취합니다.

그래서 제안이라기보다는 대화인 셈이지요. 조금이라도 뭔가 결단하게끔 하는 말투는 사용하지 않습니다. 방금 보여준 가야노야 기획서의 열여섯번째 장에 '생각해봤습니다'라고 썼습니다만, 대부분 항상 이런 느낌의 자세를 취합니다.

요컨대 테크닉이 아닙니다. 평소대로 이야기할 뿐입니다.

만약 요령 같은 것이 있다면 그것은 '자신을 자신 이상으로 보이려 하지 않는다'는 것입니다.

사람은 자신을 자신 이상으로 보이려고 하면 긴장하게 됩니다. 긴장하면 평소대로 이야기하지 못하고, 평소대로 이야기하지 못하면 전달될 것도 전달되지 않습니다.

가라오케에서도 '멋지게 노래해야지'라고 생각하면 긴장해서 목소리가 뒤집어지거나 음정이 틀리곤 하는데, 같은 이치입니다.

프레젠테이션에서는 좋은 구실을 대려 하거나 교묘하게 해보려는 생각은 절대 하면 안 됩니다. 자신은 어차피 자신일 뿐이라며 정색하고 나서면, 생각했던 것을 간곡히 전할 수 있습니다. 그러면 결과적으로 분명 좋은 프레젠테이션이 될 것입니다.

여러 번 말했습니다만, 기획서는 클라이언트를 향한 편

지와 같은 것입니다. 그래서 저는 기획서를 종이에 써서 보여주기도 하고, 소설이나 신문 같은 읽을거리에서 많이 사용하는 명조체의 서체로 작성하기도 합니다.

전달하려는 상대 앞에서 그림책을 읽듯이 말을 걸며 진행한다는 것이 좀 이상해 보일 수도 있습니다. 그러나 프레젠테이션을 발표의 무대가 아니라 '편지를 상대에게 직접 건네주는 무대'라고 생각한다면, 저의 일하는 방식을 이해할 수 있을 것입니다.

디자인을 무기로 삼으려면

브랜드의 필요성이나 만드는 방법 등에 관해 여러 회에 걸쳐 설명해온 제 '브랜딩 디자인' 강의는 이것으로 마칩니다.

여러분, 어떠셨습니까?

어째서 앞으로는 업무에 디자인 관점이 필요한지, 어째서 '팔리다'처럼 되려면 브랜드가 필요한지 이해하셨나요?

마지막으로 확인도 할 겸 강의의 총괄로서, 지금까지 이야기했던 것 중에서 중요한 사항을 세 가지 단어로 정리하겠습니다.

첫번째는 '센스란 집적된 지식을 기반으로 최적화하는

능력이다.'

강의 중 몇 번이고 이야기해서 더이상 자세히는 반복하지 않겠습니다만 '센스가 없다'라는 말을 들으면 왜일까 하며 많은 사람이 흠칫 놀랍니다. 자신이 모르는 분야의 것을 지적받은 듯한 기분이 되어 제대로 반박할 수 없게 되어버립니다.

그러나 실은 그것은 착각에 지나지 않습니다. 왜냐하면 센스란 집적된 지식을 기반으로 모든 것을 최적화하는 능력이기 때문입니다. '좋다' '나쁘다'로 말할 수 있는 것이 아니고, 일부 사람만이 타고난 재능으로 갖게 되는 것도 아닙니다.

최적화란 지식이 있다면 가능한 것입니다. 그리고 지식은 노력하면 모을 수 있습니다. 그러므로 센스는 노력으로 몸에 익힐 수 있는 것입니다.

두번째는 '세상을 깜짝 놀라게 하지 말라.' 이것은 한마디로 말하면 '차별화'에 대한 오해입니다.

사회에 진출하면 알게 되겠지만, 상품 판매에서나 개발에서나 무언가의 기획이나 아이디어를 궁리할 때면, '차별화해야만 한다'를 귀가 따갑도록 듣습니다. 경쟁 기업과 똑같은 상품을 판매해선 안 되기 때문에 차별화는 분명 필요한 것이지만 왠지 거기에 깜짝 놀랄 만한 것을 새로 만들어야만 한다고 생각하기 쉽습니다.

그렇지만 그것을 목표로 하면 안 됩니다. '깜짝 놀라도록' 만든 것은 대부분 세상에서 인정받지 못하기 때문이라고 이미 이야기했습니다.

의자를 차별화해야 한다고 해서 앉을 수 없는 의자를 만든다면 의미가 없지요. 그런 것은 냉정하게 생각하면 알 수 있는 것이지만, 차별화를 생각하기 시작하면 그와 비슷한 일을 하고 맙니다.

제대로 목적을 달성하려면, 사실은 좀 더 작은 차이를 만드는 것만으로 좋습니다. 그런 의미에서 '세상을 깜짝 놀라게 하지 말라'는 것입니다.

세번째는 '브랜드는 세부적인 것에 깃든다.'

앞서도 이야기했듯이 브랜드란, 강가의 자갈밭에서 돌을 쌓아 올리듯이 만들어지는 것입니다.

그 돌 하나하나가 상품이고, 포장이고, 광고이고, 점포이고……, 요컨대 기업이 내보내는 산출물입니다.

브랜딩이란 '모든 산출물의 보이는 방식을 컨트롤하는 것'이므로, 단지 '돌' 하나의 보이는 방식이 적절하지 않은 것만으로도 사실은 브랜드가 성립하지 않게 됩니다.

194

예를 들면 이 교실 시계 밑에 있는 벽보, 그건 정말로 그 디자인이 좋을까, 그 위치가 괜찮은 걸까 라든지.

교실 전등을 켜고 끄는 스위치는 그 디자인의 그 상품으로 괜찮을까 라든지.

브랜드를 제대로 만들고자 한다면 정말 그 정도로 세부적인 것까지 신경 써야 합니다. 브랜드라는 것은 매우 세부적인 것으로도 좌우되기 때문입니다.

그러나 이것도 여러 번 이야기했습니다만, 그것을 컨트롤하면서 좋아하는 것을 적용해선 안 됩니다. 어디까지나 디자인 최적화에 철저해야 합니다.

기업의 뜻이나 대의를 근거로 두고, 사회적 시선에 입각하여, 브랜드를 구축해간다. 그것이 지금과 같은 시대에 디자인을 무기로 삼는 방식입니다.

처음 강의에서도 이야기했듯이 지금 그 조타수가 되는 크리에이티브 디렉터의 자리, 또는 크리에이티브 컨설턴트의 자리는 아직도 비어 있습니다.

기업의 운명을 좌우할 만큼의 중요한 일인데도, 또한 기업에서 요구하고 있는데도 그것에 승부를 걸 만한 인재가 거의 없습니다.

그러므로 이 교실의 학생 중에 가까운 장래에 저와 같은 분야에서 일하게 될 사람이 나와준다면 매우 기쁠 것입니다.

아니 그 이상으로 저와 같은 크리에이티브 디렉터를 파트너로 삼거나 또는 자신 스스로가 디자인을 자유자재로 다루며 성공을 거두었던 스티브 잡스 같은 훌륭한 경영자가 여러분들 중에서 나오기를 기원합니다.

이것으로 제 강의를 마칩니다.

감사합니다.

• **저자 관련 제작물 목록**

P141   도쿄 미드타운 잔디 광장
            PH Moto Uehara(위) · 사카노 다카야(아래)
P147   도쿄 미드타운 매니지먼트 '오픈 더 파크OPEN THE PARK
            2010', 2010년 / 거리광고
            CD · AD 미즈노 마나부 **D** good design company
            C 히루타 미즈호
            PR 미즈노 유키코 · 이노우에 기쿠코
P148-149   도쿄 미드타운 매니지먼트 '아에루' 2014년(오른쪽) '야와라
            구' 2015년(왼쪽) / 거리광고, 관내광고
            CD · AD 미즈노 마나부 **D** 오사쿠 사쓰키 · 가쿠 신고
            C 히루타 미즈호 · 모리 유리카 **PH** 혼조우 나오키
            PR 이노우에 기쿠코
P154-155   유니버설뮤직 LLC 우타다 히카루 '우타다 히카루 싱글 컬렉
            션 VOL. 2', 2010년 / 거리광고, CD재킷
            CD · AD 미즈노 마나부 **D** good design company
            PH 후지이 다모쓰 **HM** 이나가키 료우지 로케코디네이터 고
            바야시 신지 **PR** 미즈노 유키코 · 이노우에 기쿠코

에 필 로 그 .

'팔다'에서 '팔리다'로. 이 책을 통해 저는 '팔다'보다 '팔리다'를 목표로 하는 것이 얼마나 중요해지고 있는지를, 주로 최근의 사례를 들면서 설명했습니다.

그러나 제가 '팔리다'의 중요성을 강하게 인식했던 것은 절대로 최근 몇 년간의 일이 아닙니다.

디자인을 의뢰한 측은 디자인을 모르고, 의뢰받은 디자인 측은 비즈니스를 모르고…… 거기에 존재하는 커다란 간극이 '팔리지 않는' 물건을 만들고 마는 원인이 되고 있음을 처음 시작할 즈음부터 느끼고 있었으며, 그 간극에 다리를 놓아 '팔리는' 물건을 만드는 것은 저 자신에게도 매우, 줄곧 중요한 과제였습니다.

이 책의 주제인 브랜딩과 관련하여, 처음으로 그 간극에 멋진 다리를 놓았다는 보람을 느꼈던 것은, 2004년 '카메야

龜や'라는 여관의 업무를 맡았을 때였습니다.

야마가타현 유노하마 온천에 있는 그 오래된 여관은 당시 고도성장 시대에 만들어졌던 많은 객실의 가동률을 유지하는 것이 과제였습니다. 가까이에 해수욕장 등도 있어 여름을 포함한 성수기에는 많은 숙박객이 찾아와 붐비지만, 1년 내내 그런 상황이 계속되진 않습니다. "그래서 광고를 내고 싶습니다"라며 다른 안건으로 교섭 중이던 제게 먼저 상담을 요청해왔습니다.

그러나 저는 그 당시 광고를 내는 것에 반대했습니다.

어느 정도의 비용을 들여 광고를 낸다면 확실히 숙박객은 늘어날 것입니다. 그러나 그것은 어차피 그때뿐입니다.

만성적인 문제를 안고 있던 당시의 그들에게 정말로 필요한 것은 응급 주사약을 투여하듯이 '파는' 것이 아닙니다. 진짜로 중요한 것은 우선 '방문하고 싶은' 존재가 되는 것이고, 그것을 위해서는 이른바 '본체 개조'를 통해 '팔리는' 매력을 갖추어야만 한다. 저는 그렇게 생각했습니다.

그래서 제가 그곳에 제안했던 것은, 광고에 드는 것과 동일한 예산을 사용하여 11층으로 지어진 여관의 한 개 층만을 스타일리시한 디자인의 내부 인테리어로 전면 개조한다는 아이디어였습니다. 그래서 그들의 동의를 얻은 후 전문가의 힘을 빌려 공간은 물론 가구와 소품까지도 모두 제가 직접 디자인의 총감독을 맡아 작업했습니다.

결과는 더할 나위 없이 좋았습니다. 디자인 느낌이 강한 독특한 공간이 주목 받은 데다가 한 개 층만을 개조한다는 시도가 당시로써는 희귀한 일이었던 것도 한몫하면서, 여러 미디어에도 소개되며 화제가 되어 젊은 여성을 중심으로 수도권에서 방문하는 숙박객이 급증했습니다.

'팔리는' 것이 되기 위해 제가 디자인을 무기로 토털 브랜딩을 실천한 것은 이때가 최초였습니다.

그러나 10년도 더 지난 일입니다만, 기본적인 사고방식이나 진행 방식은 지금도 그다지 바뀌지 않았습니다. 클라이언트와의 사이에 근사하게 다리가 잘 놓였던 것은, 역시 파트너로서 대등한 관계를 만들었기 때문이었고, 그 기반이 되는 곳에 클라이언트의 디자인에 대한 이해가 있었던 것도 여러 번 설명했던 그대로입니다.

다만 한 가지 마지막으로 덧붙이고 싶은 것은, 사실 '디자인을 다루는 사람들에게는 어느 정도 각오가 필요하다'를 가르쳐주고자 합니다.

그것은 뭔가 '옳은 것을 관철할 각오'입니다.

수주자와 발주자의 관계로 만족하며 클라이언트가 바라

는 대로 동의하는 것은 간단합니다. 그러나 파트너라고 한다면 틀렸다고 생각할 때에는 명확히 이것을 지적해야만 합니다.

반대 의견을 말하면 상대방이 싫어할 수도 있고 때에 따라서는 일의 기회를 놓칠 가능성도 있습니다. 그래도 겁내지 말고 '옳다'고 생각하는 것을 말할 수 있어야 합니다. 그런 각오가 디자이너나 크리에이티브 디렉터에게는 필요합니다.

게다가 당연한 말이지만, 그 '옳음'은 독선적이거나 즉흥적인 생각이어선 안 됩니다.

제안 내용에도 상을 받는다든지 자신의 이름을 알리고자 한다든지 개인적인 취향이라든지 하는 것들이 절대 끼어들면 안 됩니다. 순수하게 클라이언트가 원하는 바를 들어주어야만 합니다. 그런 의미로도 '옳은 것'을 관철할 수 있을까.

거꾸로 말하면, 거기까지 철저하게, 클라이언트를 위해 모든 가능성을 검토해야만 한다고 저는 믿습니다. 시간과 지식을 있는 힘껏 다 쏟아 모든 것을 조사하고 생각하고 검증해서 "이제는 여기까지가 나의 한계다"라고 여겨지는 제안을 해야만 하며, 파트너라는 관계에서는 실은 그런 각오가 필요합니다.

저 자신도 계속 이런 각오로 무작정 일해왔기 때문에, 클라이언트가 기뻐해준 적도 많은 한편 어색한 기분이 들거나 아쉬웠던 적도 많습니다.

그러나, 그래도 역시 '옳은 것'을 관철해온 것은 잘한 일이라고 생각합니다. 직원들에게는 종종 이야기하는데, 일은 배신하지 않습니다. '옳은 일'을 반듯하게 처리하면 반드시 누군가는 알아줍니다.

그렇게 믿으며, 디자인에 관련된 사람들이 각오를 다지고 자부심과 용기를 가지고 하루하루 업무에 임해줄 것을 부탁합니다. 그리고 저도 또한 절대로 독선에 빠지는 일 없이, 의뢰해준 고객이 원하는 바가 이루어져 기뻐할 수 있도록 앞으로도 계속해나가고 싶습니다.

*

끝으로, 이 책이 간행되도록, 세이분도신코사의 미시마 고지로 씨는 좋은 기회를 주었을 뿐 아니라 제작을 위해서도 여러 가지로 배려해주었습니다. 또한 게이오기주쿠 대학은 원래는 공개하지 않는 강의를 책으로 만들 수 있도록 특별히 허가해주었습니다. 진심으로 감사드립니다.

그리고 또한 출판기획자이며 편집자인 마쓰나가 미쓰히로 씨, 작가 다카시마 도모코 씨는 아직은 더운 9월 중순부터 추위가 한창인 한겨울의 1월까지 캠퍼스가 있는 후지사와로 매주 방문하여 강의를 들어주었습니다.

그중에서도 특히 마쓰나가 씨는 이쪽저쪽으로 튀곤 하는 제 강의를 훌륭하게 알기 쉽도록 정리해서 재구성해주었고, 또한 협의할 때에는 많은 정보도 전해주었습니다. 감사의 뜻을 여기서 말로 다 표현하지 못할 정도입니다.

게이오기주쿠 대학에서 강의할 기회를 주신 야마나카 슌지 씨와 사카이 나오키 씨. 두 분 덕분에 제 세계는 크고 넓어졌습니다. 덧붙여 클라이언트 여러분들. 회사 동료들, 강의 자료 작성을 도와준 제작진. 기타, 만났던 모든 분의 도움으로 이 책은 완성될 수 있었습니다. 이 지면을 빌어 깊이 감사드립니다.

마지막으로 이 책의 기획과 구성, 세세한 표현의 조정과 교정에 이르기까지 항상 정성스럽게 일에 임해준 아내 유키코와 그 작업에 쫓겨 놀아줄 시간이 없어졌어도 불평 한마디 없이 응원해주고 자기 전에 즐겁게 미리 써둔 편지를 놓아두어 저를 감격하게 했던 아들에게도 마음으로부터의 감사의 말을 전하고 싶습니다. 항상 감사합니다.

올해 가을에도 또 '브랜딩 디자인' 강의를 맡았습니다. 저 자신이 지닌 것을 전력을 다해 전하면서 '반학반교半學半教●'의 정신으로 그 시간을 즐기고 싶습니다.

2016년 4월

미즈노 마나부 水野学

● 게이오기주쿠 대학 설립 이념 중 한 가지. 선생이 정해져 있지 않고 먼저 배운 사람이 나중 배우려는 사람을 가르친다. 교수와 학생도 절반은 가르치고, 절반은 계속 배워야 한다는 정신.

'팔다'에서 '팔리다'로

미즈노 마나부의 브랜딩 디자인 강의

1판 1쇄 2018년 3월 30일
1판 7쇄 2022년 5월 31일

지은이 미즈노 마나부
옮긴이 오연정
펴낸이 김승욱
편집 한지완
디자인 이보람
마케팅 채진아 황승현
브랜딩 함유지 함근아 김희숙 정승민
제작 강신은 김동욱 임현식

펴낸곳 이콘출판(주)
출판등록 2003년 3월 12일 제406-2003-059호

주소 10881 경기도 파주시 회동길 455-3
전자우편 book@econbook.com
전화 031-8071-8677
팩스 031-8071-8672

ISBN 978-89-97453-96-2 03320

이 도서의 국립중앙도서관 출판예정도서목록(CIP)은 서지정보유통지원시스템 홈페이지
(http://seoji.nl.go.kr)와 국가자료공동목록시스템(http://www.nl.go.kr/kolisnet)에서 이용
하실수 있습니다. (CIP제어번호: CIP2018006690)

"URU" KARA, "URERU" HE.